Heidelore Kluge
Cato Bontjes van Beek

W0171374

Heidelore Kluge

Cato Bontjes van Beek

»Ich will nur eins sein,
und das ist ein Mensch«

Das kurze Leben
einer Widerstandskämpferin
1920–1943

Mit einem Vorwort von
Lew Kopelew

Urachhaus

Die Deutsche Bibliothek – CIP-Einheitsaufnahme

Kluge, Heidelore:

Cato Bontjes van Beek, »Ich will nur eins sein, und das ist ein
Mensch« ; das kurze Leben einer Widerstandskämpferin, 1920 –
1943 / Heidelore Kluge. Mit einem Vorw. von Lew Kopelew. –
2. Aufl. – Stuttgart : Urachhaus, 1995
ISBN 3-8251-7003-9

ISBN 3 8251 7003 9
2. Auflage 1995
© 1994 Verlag Urachhaus GmbH, Stuttgart.
Satz und Druck: Wagner GmbH, Nördlingen

Inhalt

Vorwort

Ein russisches Sprichwort lautet: »Kein Dorf besteht ohne einen Gerechten.«

Cato Bontjes van Beek war eine Gerechte, eine von denen, die ihr Volk vertraten, die seine Ehre und Würde in schwersten Prüfungen verkörperten. Sie war einzigartig und zugleich in Überlieferungen verwurzelt, die weit zurückreichen, in den Traditionen der deutschen Aufklärung, des deutschen Humanismus.

In wenigen Wochen jährt sich zum hundertsten Mal der Geburtstag von Leonhard Frank. »Der Mensch ist gut«, so heißt sein Buch, das er mitten im Ersten Weltkrieg geschrieben hat. Eine Novelle aus diesem Buch, von einer Schauspielerin 1917 in Berlin vorgelesen, rief einige hundert Menschen auf die Straße, die nach Frieden verlangten. Auch das ist ein Beispiel der Überlieferungen, die den allmenschlichen Wert der deutschen Literatur bestimmen.

Das Mädchen Cato begann erst zu leben in einer Einheit von Geist und Seele, von Kindlichkeit und Weisheit, von musischem und spielerischem Wesen. Auch das gehört zu den ältesten Traditionen der deutschen Kultur.

In der Geschichte Deutschlands waren die zwölf Jahre des Hitlerregimes die schrecklichsten und schändlichsten. Cato gehört zu den Gerechten, die den guten Namen ihres Volkes in diesen furchtbaren Jahren retteten.

Mir ist besonders wert, daß bei ihr auch die Verbindungen zum russischen Volk, zur russischen Literatur deutlich erkennbar sind. Im Arbeitsdienstlager las sie Tolstois »Krieg und Frieden« und berichtete der Mutter bewegt darüber. Auch über russische und ukrainische Frauen, mit denen sie zusammenarbeitete, schrieb sie verständnisvoll und herzlich.

Wenn man das Vokabular der Texte von Cato statistisch erforschen würde, müßte man feststellen, daß am häufigsten die Worte »Liebe« und »Menschlichkeit« vorkommen. Das Wesen ihrer Persönlichkeit, ihr geistiges Leben und ihr alltägliches Dasein waren von Glaube, Liebe, Hoffnung geprägt und von der Überzeugung, daß es keinen Tod gibt.

»Es gibt keinen Tod, das weiß ich genau.« Das schrieb eine 22jährige, die auf ihre Hinrichtung wartete. Sie hat recht. Für solche Menschenkinder wie sie gibt es keinen Tod. Bald ist ein halbes Jahrhundert seit ihrer Hinrichtung vergangen, aber sie lebt. Sie lebt nicht nur jetzt in diesem Raum. Cato lebt mit uns überall da, wo wir ihrer immer wieder gedenken. Sie lebt mit denen, die von ihr erzählen, über sie schreiben. Catos Vermächtnis ist der Glaube an den guten Menschen trotz allem was war, was ist und was noch kommen wird – unvergänglich bleiben ihr Glaube und ihre Liebe.

Köln, im Dezember 1993 *Lew Kopelew*

Als die Nazis die Kommunisten holten,
habe ich geschwiegen; ich war ja kein Kommunist.
Als sie die Sozialdemokraten einsperrten,
habe ich geschwiegen; ich war kein Sozialdemokrat.
Als sie die Katholiken holten,
habe ich nicht protestiert; ich war kein Katholik.
Als sie mich holten,
gab es keinen mehr, der protestieren konnte.

Martin Niemöller

Das Dorf –
Idylle mit kleinen Sprüngen

Zunächst möchte ich versuchen, Catos Heimatdorf Fischerhude zu beschreiben, das – nur an Sonn- und Feiertagen von Touristen heimgesucht – auch heute noch ein Bild bäuerlicher Beschaulichkeit und idyllischer Ruhe bietet.

Fischerhude liegt nahe bei Bremen. Neben Bauern und Künstlern leben hier zahlreiche Menschen, die in der Stadt ihren Arbeitsplatz haben. Wegen der Landschaft seien sie hergekommen, sagen sie, und weil Fischerhude noch ein intaktes Dorf sei.

Die Landschaft um das Dorf ist weit. Die fast endlos sich dehnenden Wiesen werden nur durch Zäune, Flußläufe, vereinzelte Bäume unterbrochen. Darüber steht ein großer Himmel.

Es gibt Menschen, denen diese Weite beängstigend ist. Andere werden gerade durch diese Landschaft angezogen. Vor allem Künstler sind es, die sich durch sie inspirieren lassen. Otto Modersohn gehörte zu ihnen, Clara Rilke-Westhoff und ihr Bruder Helmuth Westhoff, Bernhard Hoetger, Rudolph Hartogh und die Künstlerfamilie Breling-Bontjes van Beek.

Dieses Dorf muß eine ganz eigene Anziehungskraft haben, denn nicht nur Olga Bontjes van Beek ist von ihren Tanztourneen durch ganz Deutschland und von ihren Studienreisen, die sie nach Paris, Italien und in die USA führten, immer wieder hierher zurückgekehrt. Auch ihre Kinder Tim, der Pianist, und Mietje, die Malerin, leben heute wieder in Fischerhude.

Und Cato Bontjes van Beek schrieb am 17.3.1943 aus dem Gefängnis an ihre Mutter:

»Wie gern hätte ich ein Landschaftsbild von Dir hier in meiner Zelle! Am liebsten den Blick von der Quelkhorner Mühle auf die Moorfelder... Ich glaube eigentlich ganz fest, daß ich all diese schönen Bilder wiedersehen werde und mein geliebtes Fischerhude. Wenn ich früher auf der Landkarte und in Gedanken ganze Reisen unternahm und mich auf einer Farm in den Wäldern Kanadas oder im Busch in Afrika sah und dann daran dachte, daß ich viele, viele Jahre von Fischerhude fort bin, dann überkam mich eine unendliche Traurigkeit und das Heimweh packte mich, als sei alles wahr, was ich mir ausgedacht habe.«

Und eine Woche später heißt es in einem Brief an ihre Schwester Mietje, die sich gerade in Passau aufhielt:

»Ich glaube, daß sich auch bei Dir die Sehnsucht nach unserem Fischerhude ins Herz geschlichen hat, denn auch Du warst ja lange fort von dort. Es ist doch toll, wie man trotz der schönsten Gegenden und den liebsten Menschen nicht das Heimweh nach Fischerhude loswird. Und wären wir im Himmel und ritten auf Wolken, den Duft der überschwemmten Wiesen und der Erde würden wir sehr vermissen.«

Das ganze Dorf Fischerhude ist – wie seine Umgebung – von Wasserläufen durchzogen. Die Wümme, die in der Lüneburger Heide entspringt und später in die Weser mündet, bildet hier etwas, das man sonst nur an Flußmündungen kennt und dort als Delta bezeichnet.

Früher einmal soll es hier 85 Wümmearme gegeben haben! Heute sind es – durch Begradigungs- und Trockenlegungsmaßnahmen – viel weniger. Aber auch heute noch sind es die Streeks – so nennt man hier die Flußläufe –, die das Ortsbild prägen.

Diese Streeks waren früher die eigentlichen Straßen des Dorfes. Flache geteerte Holzboote waren die Verkehrsmittel, die von den Bauern zum Fischfang oder zum Einholen der Heuernte gestakt wurden. Wollte man zu Fuß zum Nachbarn oder zum Melken auf die außerhalb des Ortes gelegenen Viehweiden, waren die einzigen Wege oft schmale Holzstege, die erhöht gebaut waren, damit man unter ihnen – gebückt stehend – hindurchfahren konnte.

Boote sieht man heute nur noch selten auf den Wümmestreeks. Die hohen schmalen Brückenstege dagegen sind

Fischerhude. Die hölzernen Stege über die Flußarme waren
früher »Melkpfade« für die Bauern. Sie wurden so hoch
gebaut, daß beladene Boote darunter gestaakt werden konnten.
Foto: Horst Günther Vogeler

noch vorhanden – eine Attraktion für Touristen und Hobby-maler.

Geht man von den Streeks zur Dorfmitte, gelangt man zu einem freien Platz. Das ist die Dorfweide, auf der meistens einige Pferde grasen. Umrahmt ist der Grasplatz von Bau-ernhäusern, dem Heimatmuseum, einem Gasthof (in dem schon Paula Becker-Modersohn übernachtete und mit dem Bett zusammenbrach), der Kirche.

In der Kirche liegt das Fischerhuder Totenbuch. Statt auf steinernen Gedenktafeln für die Gefallenen, die viele Kir-chen zu Totengrüften machen, sind die Namen der im Zweiten Weltkrieg umgekommenen und vermißten Solda-ten hier liebevoll von Hand auf dauerhaftes Ingrespapier niedergeschrieben. Durchblättern wir das Buch, stoßen wir auf den Namen einer einzigen Frau:

Cato Bontjes van Beek
geb. am 14. November 1920 in Bremen
gest. am 5. August 1943 in Berlin-Plötzensee.

Unter diesen wenigen Worten, die ein ganzes Menschen-schicksal umfassen, steht ein Spruch aus dem 1. Brief des Johannes:

»Furcht ist nicht in der Liebe, sondern die völlige Liebe treibt die Furcht aus.«

Ich weiß nicht, ob Cato Bontjes van Beek ohne Furcht war. Selbst nach der langen Zeit, in der ich mich mit ihr und ihrem Leben beschäftigt habe, weiß ich es nicht. Aber ich weiß, daß sie voller Liebe war: zu den Menschen, zur Natur, zum Leben. Denn von dieser Liebe ist oft die Rede in ihren Briefen. Auch von der Liebe zu ihrem Heimatdorf.

»An manchen Tagen habe ich grausiges Heimweh«, schrieb Cato am 25.5.1940 aus Berlin. »Ich muß immer an Fischerhude denken und an die Wiesen.«

Äußerlich wird sich nicht viel geändert haben in Fischer-hude seit der Zeit, da Cato hier lebte. Neue Häuser sind gebaut worden, einige Galerien und Kunstgewerbeläden

sind entstanden. Aber sonst scheint die Zeit stillzu-
stehen.

Geht man durch die Dorfstraßen, hört man Gänse schnat-
tern und Hähne krähen. Eine alte Bäuerin jätet den Garten.
Eine Katze räkelt sich behaglich in der Sonne. Verträumt
und anheimelnd wirkt das Dorf, vermittelt ein Gefühl der
Geborgenheit. Der erste Gedanke ist: Hier ist die Welt noch
in Ordnung, hier kann einem gar nichts passieren.

Aber auch an einem Bilderbuchdorf wie Fischerhude ist
die Geschichte nicht vorbeigegangen. So zeichnete sich
hier in den zwanziger und dreißiger Jahren dieselbe Entwicklung ab wie überall in Deutschland. Es zeigten sich
große soziale Unterschiede. Die Kleinbauern – von ihnen
gab es etwa 80 – hatten wenig eigenes Land, sie mußten
dazupachten und außer der Pacht den Großbauern Hilfs-
dienste leisten. Die großen Bauern – etwa zwei Dutzend –
besaßen zwischen 100 und 200 Morgen Land.

Die Weltwirtschaftskrise 1929 bis 1933 traf auch die Fischerhuder Landwirte – vor allem die Kleinbauern – hart.
Sie bekamen weniger Geld für ihre Erzeugnisse, mußten
aber hohe Pacht bezahlen. Viele gaben ihren Hof auf. In
dieser Zeit engagierten die meisten sich politisch – zunächst
im sozialdemokratischen Pächterbund. Als sich an ihrer
Lage nichts änderte, suchten sie ihr Heil bei den Nazis.

Außer den Landwirten und einigen Handwerkern gab es
noch die Künstler in Fischerhude, vor allem die Modersohns
und die Familie Breling-Bontjes van Beek.

»In Fischerhude waren damals eigentlich nur Bauern«,
erinnert sich Catos Schwester Mietje. »Die Künstler lebten
bescheiden mit ihnen.«

Den Künstlern ging es in dieser Zeit wirtschaftlich besonders schlecht.

»Einige Kinder konnten sich für fünf Pfennig Brausepul-
ver kaufen«, erzählt Mietje, »wir nicht. Geld gab es dafür
nicht bei uns.«

Benötigte man die Dienste von Handwerkern, so wurde
mit Kunstgegenständen bezahlt. Manche Vase und Schale

aus der Werkstatt »Fischerhuder Kunstkeramik (FKK)« ist aus dieser Zeit noch in Fischerhuder Familien erhalten.

Die Künstler wurden im Dorf ein bißchen als Exoten betrachtet. Aber die Fischerhuder erkannten durchaus an, daß sie am Gemeindeleben teilnahmen, und so waren »de Maulers« (die Maler) überall gern gesehen. Daran änderte sich auch dann nichts, als ein Großteil der Dorfbewohner sich dem Nationalsozialismus zuwandte.

In diesem Dorf ist Cato aufgewachsen. Hier hat sie entscheidende, prägende Jahre ihres Lebens verbracht. An ihren Cousin Ulrich Modersohn schrieb sie Ostern 1943 aus der Untersuchungshaft:

»Wäre ich doch nie aus Fischerhude fortgegangen!«

Wollte sie damit nur die Trauer ausdrücken darüber, daß sie die schöne Heimat ihrer Kindheit vielleicht nie wiedersehen würde? Oder spricht aus diesem kleinen Satz auch das Wissen darum, daß sie auch anders hätte wählen, einen anderen Lebensweg hätte einschlagen können?

Die Familie –
Von Künstlern und Kommunisten

Die Bilder von Olga und Mietje Bontjes van Beek kenne ich von Ausstellungen. Im Hamburger Museum für Kunst und Gewerbe habe ich Keramiken aus der Werkstatt von Jan Bontjes van Beek gesehen. Von Tim Bontjes van Beek weiß ich nur, daß er Pianist werden wollte, durch eine Handverwundung in Rußland aber gezwungen wurde, seine Berufspläne zu ändern. So war er dann als Musikredakteur und Tonmeister beim NDR in Hamburg tätig. Aber was weiß ich über die Familie?

»Wie es mir geht? Ach Mama, ich denke eigentlich nie an das, weshalb ich hier bin, sondern nur an Euch. Über den Sinn Familie viel; was das bedeutet, das wird mir hier ganz besonders klar. Wie arm ist ein Mensch, der ganz allein in der Welt steht. Ich bin so dankbar, daß ich die Gewißheit habe, Euch alle, alle zu haben. Ich will nicht sentimental werden, aber aus einer Zelle kann ich das doch schreiben.«

Diese Zeilen stammen aus Catos erstem Brief aus der Untersuchungshaft vom 3. 11. 1942.

Ihre liebevollsten Briefe gingen an die Mutter und an die Geschwister, mit denen sie sich – besonders auch während der Gefängniszeit – eng verbunden fühlte. Und es war für sie ein erstrebenswertes Ziel, auch selbst eine Familie zu haben. Noch aus dem Gefängnis – nach der Verkündung des Todesurteils – schrieb sie: »Ob es gut ist, daß ich keine Kinder habe? Ich wünschte aber, ich hätte eins.«

Was war das für eine Familie, an der Cato so hing und die ihr eine so starke Prägung gab? Fast märchenhafte Elemente enthält die Geschichte dieser Familie. Und sie ist auch verknüpft mit den Namen der wichtigsten und wachsten Künstler der Zeit – Familiengeschichte als Zeitgeschichte.

Als Catos Großvater Heinrich Breling 1908 mit seiner Frau und seinen sechs Töchtern nach Fischerhude übersiedelte, war er der erste Künstler dort. Andere folgten bald nach, so Otto Modersohn, der – in dritter Ehe – Louise Breling, eine ältere Schwester von Catos Mutter Olga heiratete.

Heinrich Breling hat eine Bilderbuchkarriere gemacht: dem armen Fischerhuder Hütejungen wurde durch Mäzene ein Kunststudium ermöglicht, und er stieg bis zum Hofmaler des bayerischen »Märchenkönigs« Ludwig II. auf.

Seine sechs Töchter waren alle musisch begabt. Sie malten, bildhauerten, komponierten. Olga, die Jüngste, Catos Mutter – 1896 geboren – wurde Tänzerin. Ihre Ausbildung erfuhr sie in Darmstadt bei der Amerikanerin Isadora Duncan, die den modernen Ausdruckstanz in Europa begründete. Sie ging auf Tourneen im In- und Ausland, begleitet von dem jungen, damals noch unbekannten Pianisten Walter Gieseking.

»Wenn die expressionistischen Maler sämtlich über soviel Wissen verfügten wie Olga Breling, würden wir von minderbemittelten, mittrottenden Dilettanten unbehelligt bleiben«, schrieb 1921 der Kritiker Hans Reimann über sie und ihre Tanzkunst.

Und doch gab sie das Tanzen auf – nicht nur der Kinder wegen, sondern um Malerin zu werden. Schon als Kind hatte sie bei ihrem Vater gezeichnet. Auf Anraten ihres Mentors Fritz Mühsam erarbeitete sie sich ihre Kunst ganz ohne akademische Schulung. Studienaufenthalte in Paris, Italien, New York gaben ihr immer neue Anregungen.

»Zufrieden werde ich nie sein«, sagte sie. »Bis zu meinem Tode werde ich versuchen, mich der unerreichbaren Vollkommenheit ein Stück zu nähern.«

Aber soweit war es noch nicht. Denn erst einmal mußte die zierliche graziöse Frau Jan Bontjes van Beek begegnen, den man den »schönen Matrosen« nannte.

In ihren Aufzeichnungen heißt es:

»Jan und ich begegneten uns das erste Mal auf der Landstraße nach Worpswede im Herbst 1918. Ich war auf dem Weg zur Post. Er stand hochaufgerichtet wie ein attischer Wagenlenker auf einem leeren Ackerwagen, der in Richtung Barkenhoff, der Kommune von Heinrich Vogeler, fuhr. Dieses Bild machte mir großen Eindruck, zumal ich mich dem Geist der Antike ganz verbunden fühlte ...«

Auf besagtem Ackerwagen hatte Jan Bontjes van Beek soeben Mist aufs Feld gefahren, wie er überhaupt vor schwerer körperlicher Arbeit nicht zurückschrak. Eine Zeitlang erwogen er und Olga sogar, in Rautendorf – zwischen Worpswede und Fischerhude gelegen – eine eigene Landwirtschaft aufzubauen.

Da Jan großes tänzerisches Talent besaß, ging er mit Olga und Sent M'Ahesa, damals eine bekannte Tänzerin, die in ägyptischem Stil tanzte, auf Tournee. Aber:

»Knapp zwei Monate hielt er es im Kulissenstaub des Theaters und zwischen den Schminktöpfen aus; dann konnte er nicht mehr atmen und sehnte sich nach einer frischen Brise und einer weiten Landschaft.«

Er ging nach Fischerhude, wo er bei Olgas Schwester Amelie, die dort als Bildhauerin arbeitete, seine Begabung für die Töpferkunst entdeckte. Hier wurden die Weichen für seine künstlerische Laufbahn gestellt. »Was hast du nur aus diesem Matrosen gemacht!« sagte er oft zu Amelie.

Jan Bontjes van Beek wurde einer der wegweisenden Keramiker Europas. Sein Werk umfaßt Einzelstücke wie Serienproduktionen, Gefäße von fast archaischer Wirkung bis zu klassizistischer Strenge. Befragt, wie ein Keramiker ein so unterschiedliches Lebenswerk von immer gleichbleibender Qualität begründen könne, sagte er 1964:

»Das Geheimnis der guten Arbeit liegt in ihrem richtigen Maß. In einer Zeit wie heute, die allgemeingültiges Maß verloren hat und nicht weiß, ob sie es überhaupt wiedergewinnen will, findet der Künstler das Maß nur aus sich selbst heraus.«

Aber Jan Bontjes van Beek war nicht nur ein künstlerischer, sondern auch ein politischer Mensch. Man nannte ihn nicht nur den »schönen«, sondern auch den »roten Matrosen«. 1899 wurde er in Vejle (Jütland) als Sohn eines holländischen Schiffsingenieurs geboren. 1905 siedelte die Familie nach Uerdingen über, wo sie 1907 naturalisiert wurde. Jans Großvater studierte an der Amsterdamer Akademie, und neben seiner Arbeit als Kaufmann malte er. Jan selbst erhielt Zeichenunterricht bei seinem älteren Bruder und spielte mit zwölf Jahren bereits mehrere Musikinstrumente – darunter die Geige, die bis zu seinem Lebensende sein Lieblingsinstrument blieb.

In ihren Aufzeichnungen berichtet Olga Bontjes van Beek über ihren Mann:

»Mit 15 Jahren floh er aus seinem Elternhaus und zog mit Soldaten eines Kanonentrupps nach Westen. Die Soldaten hatten ihren Spaß an ihm, aber die Polizei holte ihn zurück und lieferte ihn wieder zu Hause ab. Wahrscheinlich waren Abenteuerlust und die drückende Enge daheim schuld an der Flucht gewesen. Der Vater war klug genug zu wissen, daß er den Jungen nicht halten konnte. Er überredete ihn, sich wenigstens freiwillig zur Marine zu melden. Das tat er auch, ging von der Schule fort und trat in die Marine ein.«

Dort fand er in seinem unmittelbaren Vorgesetzten Fritz Schmidt einen Förderer und Freund. In langen Gesprächen mit ihm entwickelte Jan eigene Zielvorstellungen, lernte seine Neigungen erkennen und politische Ansichten vertreten. 1918 nahm er in Kiel am Matrosenaufstand gegen das marode kaiserliche System teil. Bei Kriegsende gehörte er zu der Matrosendelegation, die von Emden nach Berlin zog. Das brachte ihm, als er nach Worpswede kam, den Beinamen »der rote Matrose« ein.

1919 finden wir ihn in Worpswede, wo er sich an der Gründung von Heinrich Vogelers »Arbeitsschule Barkenhoff« beteiligte. Hier sollten Kinder »einer klassenlosen, parteilosen Welt« entgegenwachsen, hier sollten »Lehrer (auch Handwerker, Gärtner, Wirtschafterinnen, Pflegerinnen) herangebildet werden, die die neuen Lehrmittel gestalten zum Aufbau einer klassenlosen Gesellschaft«.

Diese Ideen brachte Jan Bontjes van Beek mit nach Fischerhude, wo er und Olga heirateten. Am 14. November 1920 wurde Cato Bontjes van Beek geboren, 1922 ihre Schwester Mietje und 1923 ihr Bruder Tim.

Viele Gäste kamen in das Haus der Bontjes van Beeks. Das war eine Tradition, die schon Heinrich Breling begründet hatte und die nun seine Töchter Amelie und Olga fortführten.

Der frühere Bremer Bürgermeister Adolf Ehlers schreibt dazu in seinem Erinnerungsbuch »Freiheit und Bindung«:

»Man besuchte sich in den zwanziger, vorsichtiger in den dreißiger und vierziger Jahren, konnte da in Fischerhude ›bei Olga‹ auch Helmut Schmidt treffen, den späteren Bundeskanzler, der immer noch zu den Gästen der Malerin gehört ...«

Helmut Schmidt kam 1936 zum ersten Mal nach Fischerhude. In der Dorfkirche, wo Olga gewöhnlich an der Orgel saß und den Gottesdienst begleitete, durfte er einmal mit ihr gemeinsam die Orgel spielen. Er erinnert sich an jene Zeit:

»Damals wie heute brauchte man um Gastfreundschaft gar nicht zu bitten. Man wurde gleichsam als selbstverständlich zugehörig einbezogen ... Man durfte Bilder ansehen, mittun in der keramischen Werkstatt, Musik hören. Und vor allem: Man traf Menschen, ... die offen waren. Sie waren alles andere als Nazis. Sie waren wirklich alles andere: ich glaube, die Palette reichte von weit links bis rechts. In einem zentralen Punkt stimmten sie überein: Aus ihrem Künstlersein entsprang ihr unbedingter Wille zur Unabhängigkeit und Freiheit der Person. Hier lag der gemeinsame Nenner, selbst auch für solche, die, wie z. B. Franz Radziwill, vorübergehend auf den Nationalsozialismus hereinfielen ... Fischerhude ist für mich jungen Heranwachsenden die eine, einzige Oase in der Nazizeit gewesen ...

Cato im Alter von 4 Jahren.

Olga Bontjes ist meine große Liebe geliebt. – Bei 20 Jahren Altersunterschied darf ich das vielleicht so sagen.«

Der Fischerhuder Maler Hans Meyboden († 1965) gehörte zu diesem Kreis, ebenso der Bildhauer und Architekt Bernhard Hoetger († 1949), der Pianist Walter Gieseking († 1956), die Bildhauerin Clara Rilke-Westhoff († 1954), der Schriftsteller und Philosoph Theodor Lessing, der 1933 von den Nazis ermordet wurde, sowie die Maler Friedrich Ahlers-Hestermann († 1973) und Fritz Mühsam († 1946).

Das Suchen und Erarbeiten neuer künstlerischer Ausdrucksmöglichkeiten und dann der Gedankenaustausch mit Künstlern und Intellektuellen aus ganz Deutschland, mit einem Wort ein kleiner kultureller und politischer Kosmos, eingebettet ins ländliche Fischerhude: das war der Hintergrund, vor dem die drei Bontjes van Beek-Kinder aufwuchsen.

Cato wird als lebhaft und phantasievoll, Mietje – »Mémé« genannt – hingegen eher als zurückhaltend, fast schüchtern beschrieben. Der Bruder Tim war der Schwarm der Dorfmädchen.

Die Kinder besuchten die Dorfschule und spielten mit den Nachbarskindern aus der Bredenau. Auch zu den Cousins Ulrich und Christian Modersohn bestand eine enge Freundschaft.

Und sie nahmen lebhaft teil an dem, was im Familienkreis besprochen wurde.

»Wir haben links gedacht«, erinnert sich Mietje. »Links war unsere Welt.«

Und: »Rußland war eine große Sache, Tolstoi, Gorki, Dostojewski – wir wußten nichts von Stalin.«

»Die Familie war sehr angesehen«, erinnert sich ein Zeitgenosse, »eine Familie, die nie in den Vordergrund getreten ist. Ich fand immer, es war eine sehr bescheidene Familie. Die Menschen in Fischerhude, die Bauern, die sind sehr gut mit dieser Familie ausgekommen. Das war mir damals auch schon bewußt, wie gut die Harmonie war.«

23

Entstand hier das Weltbild voller Ideale, das so prägend für Catos Lebensweg wurde? Empfing sie hier die ersten Impulse für ihr mitmenschliches Handeln?

Auf jeden Fall ist in der Familie eine der Kraftquellen zu finden, die es ihr ermöglicht haben, ihren Weg zu gehen. Denn am 1. 12. 1942 schrieb sie an ihre Mutter:

»Meine liebe Mama!

Du hast mir so viel fürs Leben gegeben, daß ich alles gut überstehe. Du mußt nun viel an mich denken; daß Du das tust, spüre ich gut. Was ist eine räumliche Trennung? Nichts! Ich weiß das nun genau.«

Die Kindheit –
Ein Traum vom Fliegen

Das also sind die äußeren Voraussetzungen, in die Cato hineingeboren wurde: eine ländliche Idylle und eine weltoffene Familie. Ich bin neugierig auf das Mädchen Cato, das in dieser Umgebung heranwuchs, sich entwickelte.

Wie erlebte sie sich selbst? Und wie die Welt, die gerade in den zwanziger und dreißiger Jahren unseres Jahrhunderts so wirr und so verwirrend war?

»Sie war nichts Besonderes«, sagt eine ihrer Mitschülerinnen. »Sie war eine Durchschnittsschülerin, hatte aber eine gewaltige Phantasie und schrieb auch gewaltige Aufsätze.« Nach all den Jahren erinnert sie sich noch an einen besonders beeindruckenden Aufsatz Catos zum Thema »Ein Blatt, das vom Baum gefallen war, erzählt . . .«

Dieter Winkelmann, einige Jahre jünger als Cato – derselbe, der nach ihrer Hinrichtung 1943 die Fischerhuder Kirchenglocken für sie läutete –: »Ein nettes, zuvorkommendes, bescheidenes Mädchen. Sie war mittelgroß, hatte ein sehr frisches, offenes, hübsches Gesicht. Mir kam sie immer sehr sympathisch vor.«

Trotz ihrer Bescheidenheit war Cato in der Schule immer diejenige, die den Ton angab. Sie drängte sich nicht vor und versuchte auch nicht, sich interessant zu machen. Es war einfach ganz selbstverständlich, daß die anderen Kinder sich nach ihr richteten. Dazu ihre Schwester Mietje: »Ich sehe sie als Kind als unsere Anführerin und Beschützerin. Was sie für gut hielt, war recht, was sie nicht anerkannte, war in den Augen der jüngeren Geschwister auch nichts.«

Neben der Mutter kannte die zwei Jahre jüngere Schwester Mietje Cato wohl am besten. Eine ihrer frühesten Erinnerungen an Cato: »Ihre Augen waren immer nach oben gerichtet, und sie kannte noch nicht den Begriff von Nah und Weit. So geschah es manchmal, daß sie plötzlich losrannte, um auf der Wiese einem Storch, den sie erblickt hatte, ganz nahe zu kommen. Einmal fiel sie dabei in einen Bach. Ganz mit Wasserpflanzen behangen und pudelnaß konnte sie ihr Mißgeschick gar nicht verstehen. ›Ich wollte doch nur zu dem Ebe (Storch) gehen!‹ sagte sie und stand da mit ihren großen strahlenden Augen.«

An diese Augen erinnert Mietje sich besonders: »Sie waren weitgeöffnet, und ein unaussprechlicher Glanz ging von ihnen aus. Die Farbe der Iris war fast blau, mit einem Grauton in der Tiefe. Wenn Cato einen Menschen ansah, so bekam dieses Betrachten immer etwas Intensives, Durchdringendes, und es schien so, als würde sie bis in das Innere des Menschen hineinsehen.«

Ein Familienleben im »herkömmlichen« Sinn lernten Cato und ihre Geschwister Mietje und Tim nur in den allerersten Lebensjahren kennen. 1933 trennten sich die Eltern, und Jan ging nach Berlin. Bald darauf reiste Olga für längere Zeit nach Paris, wo sie bei Fritz Mühsam Malerei studierte. Die Kinder blieben in der Obhut der Großmutter und der zahlreichen Tanten. Wenn ein väterlicher Rat gebraucht wurde, war da auch immer noch Fritz Schmidt, Jans Freund und Kriegskamerad, der Olgas Schwester Haina geheiratet hatte.

Die drei Bontjes van Beek-Kinder waren sehr unterschiedliche kleine Persönlichkeiten. Der Vater Jan hat das recht früh erkannt und jedem einen Tiernamen gegeben. Tim: »Cato war der Puma, Mémé war das Häschen, und ich war der Igel. Ich bin als Igel durch die Welt gegangen – die Stacheln scheinen da immer herausgeguckt zu haben. Und bei Cato ist das eigentlich eine ganz gute Typisierung: der Puma, dieses schnelle, sehr wendige Tier. Während Mémé, das Häschen, immer so klein und zurückgezogen und einfach lieb war.«

Cato – der Puma – war sehr sportlich und spielte am liebsten Jungenspiele. Tim: »Sie hat sogar Jungens verprügelt, wenn die zu mir frech waren oder mich verprügeln wollten. Da hat sie sich dann dazwischengeworfen.«

Nicht nur den Sport liebte Cato, sondern auch das Theaterspiel. Sie wollte Schauspielerin werden. Vorerst wurden im Garten selbstdachte kleine Theaterstücke aufgeführt, in denen sie die Hauptrolle spielte.

Und Cato hatte Idole – so den Flieger Hans Bertram. Aus einem Buch über ihn schnitt sie sein Foto heraus und erfand sogleich ein neues Rollenspiel, in das auch die Schwester einbezogen wurde: Hans Bertram war ihr »Mann«, während Mietjes »Mann« ein russischer Polarflieger war. Beide Mädchen führten einen ausgedehnten Briefwechsel über ihre jeweiligen »Familien«. Als die Mutter Bertrams Foto aus Spaß einmal versteckte, weinte Cato herzzerreißend.

Überhaupt wurde Cato immer wieder von ihren Gefühlen übermannt – etwa wenn sie eine traurige Geschichte hörte oder las –, und dann ließen ihre Tränen sich kaum stillen. Sie war voller Mitgefühl für alle Leidenden und konnte niemandem wehtun.

Cato war ungleich gefährdeter als ihre Schwester, denn sie machte bei den Menschen keine Unterschiede, trat ihnen vollkommen unkritisch gegenüber. Mietje: »Für Cato waren alle Menschen gut. Sie vertraute allen.«

Mußte sie vielleicht auch dieses großen Vertrauens wegen sterben?

Die andere Seite ihres Wesens aber war ihr Lachen, ihre Fröhlichkeit und ihre unbändige Freude, zu leben, die alles überstrahlt.

1929 luden holländische Verwandte – Nelly, die Schwester von Jan Bontjes van Beek, und ihr Mann, Jan Greve – Cato nach Amsterdam ein. Dort besuchte sie die zweisprachige »Kaiser-Wilhelm-Schule«. Mietje schreibt dazu:

»In einer dörflichen Idylle groß geworden, umgab sie nun eine farbige und ganz erregende Welt. In dieser neuen Schule fand Dodo sogleich Freunde, vor allem deutsch-jüdische Mädchen, deren Eltern schon vor dem Holocaust Deutschland verlassen hatten. Auch ein Indianer war in ihrer Klasse. Es herrschte ein freier Geist.«

Nelly und Jan Greve hatten selbst keine Kinder. Sicher verstanden sie es nicht immer, dem Mädchen Cato in der ihr fremden Umgebung ausreichend Liebe und Geborgenheit zu geben. »Ich will weg!« heißt es in einem insgeheim geschriebenen Brief Catos. Trotzdem waren die Jahre in Holland ein Gewinn für sie. Mietje: »Dieser Aufenthalt sollte sich auf ihre Selbständigkeit sehr positiv auswirken: losgelöst von ihren Wurzeln war Dodo hier sie selbst geworden.«

Als Cato nach Fischerhude zurückkehrte, war sie zwölf Jahre alt. Sie besuchte nun wieder – gemeinsam mit ihren Geschwistern und den Bauernkindern – die Dorfschule. Hier unterrichtete der Dorfschullehrer Jan Heinbokel. Catos Bruder Tim erinnert sich:

»Er hatte einen Schnauzbart, war groß, mit Schuhen wie Geigenkästen. Heinbokel war ein richtiges Fischerhuder Original – er war Organist, Ethnologe und Bienenforscher. Wenn man einen Bienenschwarm irgendwo fand, dann kam er mit der Pfeife und dem Kopfschutz und hat den Bienenschwarm eingesammelt. Das hat uns immer großen Eindruck gemacht: dieser Mut, den er hatte, mit diesen Stechbienen umzugehen.«

Aber für Catos wachen Geist reichten die Lektionen des Dorfschullehrers nicht mehr aus. Da kam der junge Pastor Tidow nach Fischerhude. Er war, wie Mietje berichtet, ein schöner Mann, sehr dunkel und mit blauen Augen.

Seine Frau sagt über ihn:

»Mein Mann hatte ausgesprochen viel Humor. Er war ein sehr fröhlicher Mensch und ganz von seinem Beruf durchdrungen. Er war ein fröhlicher Christ!«

Als später – im Mai 1943 – der Fischerhuder Kirchenvorstand, dessen Vorsitzender Pastor Günter Tidow war, ein Gnadengesuch für Cato an das Reichskriegsgericht einreichte, wurde Tidow eingezogen. Er ging als Sanitätsgefreiter nach Rußland. Im Dorf vermutete man, »daß die Obrigkeit ihn weghaben« wollte.

Zu Ende des Krieges – die Engländer standen bereits vor Fischerhude – traf die Familie Tidow ein tragisches Schicksal: Einer der Söhne wurde beim Spielen in den Wümmewiesen von einer Mine zerrissen.

Bei diesem jungen Pastor nun erhielt das Mädchen Cato Privatunterricht. »Diesen Unterricht genoß Cato sehr«, berichtet Mietje, »und sie war begeistert von jener freien Form von Schule. Am Ende konzentrierte sich alles nur noch auf Deutsch und Literatur; sie verfaßte selbst Gedichte und schrieb lange Aufsätze und Erzählungen.«

Aber nicht nur Catos Geist sehnte sich nach Höhenflügen. Auch daran erinnert die Schwester sich: »Der große Traum vom Fliegen wurde in Cato geboren. Alles war grenzenlos, überstark in ihr und in ihren Tag- und Nachtträumen. Fliegen bedeutete ihr jetzt Leben. Was in der Kindheit noch eine vage Vorstellung vom Durch-die-Lüfte-Schweben gewesen war und davon, im blauen Himmel ein Vogel zu sein, das wurde nun zu einer Art fixer Idee: Sie sehnte sich nach einer grenzenlosen Freiheit im Äther und der Loslösung von der Erde, hin zu den Sternen ... Wenn Cato in der Ferne ein Flugzeug leise dröhnen hörte, so stürzte sie hinaus ins Freie, um es dort noch näher zu hören und intensiver erleben zu können. Mit fast verklärten Augen, den Blick dorthin gewandt, wo das Flugzeug eben am Himmel verschwunden war, stand sie da. Sie dachte Tag und Nacht nur ans Fliegen.« Später, in Berlin sollte Cato dann wirklich fliegen und auch ihre Segelflugprüfung ablegen.

Viele Träume bewegten das Mädchen Cato. Ob sie schon ahnte, welches Schicksal ihr einst bestimmt sein würde? »Mein Mitgefühl wird mich noch einmal ins Unglück bringen«, sagte sie zu ihrer Schwester Mietje. Und Jahre später nahm sie ihr Schicksal in einem Traum vorweg.

Aber noch erlebte sie eine glückliche, unbeschwerte Jugend. Und doch zeigte sich in ihrem Charakter schon jetzt die Unbedingtheit, die sie später zum Handeln trieb – in einer Zeit, da dieses Handeln tödlich war.

Cato am Tage ihrer Konfirmation.

Ideen und Ideale

Woher bezog nun Cato ihre Ideale?

Sicherlich von den Menschen, die sie umgaben: von der Mutter, den Tanten und Onkeln, dem Vater. Und von Pastor Tidow, der das begabte Mädchen in Religion und Literatur einführte.

Beide Gebiete hatten Cato vorher schon brennend interessiert. Mietje erinnert sich:

»In unserem Elternhaus befand sich eine große Auswahl an Literatur. Alles kannte sie. Sehr früh begann sie zu lesen: Naturbeschreibungen, Mädchenbücher, Abenteuergeschichten bis hin zu Karl May. Sie war dreizehn, als sie die Welt der deutschen Klassiker entdeckte. Laut deklamierend ging sie umher und erzählte mir, der jüngeren Schwester, von dem eben Gelesenen.«

Was immer Cato las, bewegte sie tief. Das »Märchen vom Wacholderbaum« oder Andersens Erzählung »Das häßliche kleine Entlein« ließen sie in Tränen ausbrechen, die nur mit Mühe gestillt werden konnten.

Mit sechzehn Jahren trat Cato in einen Lesering ein. Es fiel ihr nicht leicht, das Geld dafür aufzubringen, aber nun kamen monatlich per Post die Gesamtausgaben von Goethe, Novalis, E. T. A. Hoffmann, Hölderlin ins Haus. Mietje:

»Dies begeisterte sie, und wie von einem wachsenden dichten Wald wurde Cato von ihren Büchern eingekreist. Diese standen auf Regalen rings ums Bett, auf Tischen, Schränken oder Brettern an die Wand gelehnt.«

Cato machte auch Bekanntschaft mit der russischen Literatur – mit Dostojewski, Tolstoi, Gorki. Dazu ihre Schwester:

»Eine besondere Anziehung, deren Fäden sich durch Catos ganze Jugend spannen, war Rußland. Aus alten Schriften, die wir auf unserem Boden fanden, und aus Erzählungen der Erwachsenen suchten wir uns in der Phantasie ein Bild davon zu machen. Wenn zu Hause auch niemals die Stellung zum Kommunismus eine absolute war, so faßte Cato in ihrer Begeisterung für Rußland alles, was daran erinnerte, als ein Zeichen auf aus einer anderen Welt. Es entstanden Gedichte und Aufsätze. Maxim Gorki war das literarische Vorbild dieser Richtung. Der russische Sender war die Stimme der Verheißung. Wenn ich auch anderthalb Jahre jünger war als sie, so konnte sie mich doch ganz von ihrer Schwärmerei überzeugen. Wir lebten in reger Korrespondenz miteinander. Sie schrieb mir Briefe aus Rußland, die sie erfand, und ich beantwortete sie. [. . .]«

Bis in ihre Träume hinein beschäftigte Cato die Lektüre, in der sie so etwas wie einen archimedischen Punkt suchte. Cato nannte diesen Punkt: die Wahrheit.

An ihren Cousin Ulrich Modersohn schrieb sie am 7. August 1940 aus dem Reichsarbeitsdienst-Lager in Blaustein (Ostpreußen):

»Ich lag eine Woche im Bett, hatte ein schlimmes Bein und dabei viel gelesen, ›Krieg und Frieden‹ von Tolstoi. Er beschreibt den russisch-französischen Krieg von 1802. Es ist so furchtbar grausam alles. Die Welt hat sich nicht viel geändert seither, leider! Kulturen werden gebaut, zerstört, wieder neu gebaut und von neuen Geschlechtern (sie werden von Geschlecht zu Geschlecht immer härter) wieder weggefegt.

Weißt du, lieber Ulrich, ich suche und suche immer noch nach der Wahrheit. Es gibt doch nur eine, kann es ja nur geben. Wo ist sie? Ich meine, sie schon oft gefunden zu haben, aber immer wieder muß ich mich abwenden und wieder vor dem Nichts stehen.«

Auch in der Weisheit des Fernen Ostens suchte Cato nach Landmarken, die ihrem Lebensweg Richtung und Orientierung geben sollten. An ihre Tante Louise Modersohn schrieb sie am 24. 10. 1939:

»Überhaupt hat man an den Weisheiten der Inder und Chinesen immer einen Halt (Buddha, Lao-Tse, Dschuang-

Tse und Liä-Tse). Kennst Du ›Das wahre Buch vom südlichen Blütenland‹ von Dschuang-Tse? ›Wer es aber versteht, das innere Wesen der Natur sich zu eigen zu machen und sich treiben zu lassen von dem Wandel der Urkräfte, um dort zu wandern, wo es keine Grenzen gibt, der ist von keinem Außending mehr abhängig.‹ So heißt es: ›Der höchste Mensch ist frei vom Ich; der geistige Mensch ist frei von Werken; der Heilige ist frei von Namen.‹«

Bücher waren Cato lebenswichtig, sie brauchte sie wie die Luft zum Atmen. Dies wird besonders deutlich in dem ersten Brief, den sie nach ihrer Verhaftung aus dem Polizei-Untersuchungsgefängnis am Alexanderplatz an ihre Mutter schrieb:

»3. November 1942

Ich habe meine Gedanken ganz umgestellt, so daß ich nicht die Zelle zu drückend empfinde. Morgens scheint die Sonne auf mein Bett und jetzt des Nachts auch der Mond. Ich gehe meistens auf und ab und bin froh, daß ich sechzehn lange Gedichte auswendig weiß, die ich jeden Tag einmal spreche. Daß ich nichts zu lesen habe, ist bitter. Einmal habe ich um Leseerlaubnis gebeten, aber nichts ist darauf erfolgt. Vielleicht versucht Ihr von Euch aus, diese Erlaubnis zu bekommen. Schickt mir dann Bücher über Philosophie, auch Goethe. (Goethe habe ich mir ja immer aufgespart für eine Zeit, wo ich Zeit und Muße habe – die *Zeit* ist jetzt da!)«

So wichtig waren Cato die Wahrheiten, die sie in der Literatur fand, daß sie Kassiber mit Zitaten und Gedichten auch ihren Mitgefangenen zuschmuggelte:

»Die Flüsse Babylons strömen dahin, werfen alles nieder und reißen es mit sich fort. O heiliges Zion, wo alles fest steht und nichts zusammenstürzt! Man muß sich auf den Wogen niederlassen, nicht unter ihnen oder in ihnen, sondern über ihnen, und nicht stehend, sondern sitzend; damit man demütig sei, da man sitzt, damit man sicher sei, da man über den Wogen ist. Aber wir werden aufrecht stehen in den

33

Hallen Jerusalems. Man sehe zu, ob eine Freude dauerhaft oder vergänglich ist. Wenn sie vorübergeht, ist sie ein Fluß Babylons.«

Blaise Pascal, »Pensées«

Totenmesse

Lacrimosa dies illa
Qua resurget ex favilla
Indicandus homo reus:
Huic ergo parce Deus
Pie Jesu Domine
Dona ei requiem. Amen.

O tränenreicher Tag,
an dem der schuldbeladene Mensch
aus dem Staub ersteht zum Gericht:
Schone seiner, o Gott,
frommer Herr Jesus,
Gib ihm die Ruhe. Amen.

Thomas von Celano, gest. 1255

Im Gefängnis lernte sie zu unterscheiden, denn hier reduzierten die Wahrheiten sich auf eine einzige Wahrheit: den Tod. Und nicht den Tod an sich als Abstraktum, sondern ihren eigenen Tod, der ihr nun täglich vor Augen stand. An den Freund und Schicksalsgefährten Heinz Strelow schrieb sie am 17. Februar 1943, einen Monat nach Verhängung des Todesurteils:

»Mama schickte mir ein Bändchen Rilke-Gedichte. Sie gefallen mir doch gut – ich versuche immer wieder, sie ganz unvoreingenommen zu lesen, und dann auch kritisch. Es sind wirklich einige sehr prächtige darunter. Ich las eben einen Aufsatz von Schopenhauer: ›Über den Tod und sein Verhältnis zur Unzerstörbarkeit unseres Wesens an sich‹. Es war Zufall, daß ich diesen Aufsatz bekam. Aber ich brauche nicht Kraft zu schöpfen aus einer Definierung des Todes, und so schön gesagt das alles klingt, was über den Tod da geschrieben steht – ich habe meine eigenen Ansichten, die mir viel mehr geben und sagen, es grenzt schon an eine Selbstverständlichkeit. Ich habe mir eben überlegt, es ist doch alles ein ›geistreiches Durch-die-Nase-Gesäusele‹, wie Jan immer sagte – oder warst Du es? – Wir können so etwas nun beurteilen, denn wir erfahren es nun, ob es stimmt oder nicht.«

Und am 28. März 1943 schrieb Cato, ebenfalls an Heinz Strelow:

»Zum Philosophieren habe ich nun gar kein Verständnis mehr, denn mir ist in dieser Zeit alles sehr einfach und klar geworden, und ich finde, es ist die ganzen Jahrhunderte sehr viel geschrieben worden und nur weniges hat Bestand, und dazu gehört doch an erster Stelle die Bibel. Ich bin sehr froh, daß ich das Neue Testament hier habe.«

Neben der Literatur war also die Religion eine weitere Quelle, aus der Cato ihre Kraft schöpfte und in der sie nach »der Wahrheit« suchte. Dazu ihre Schwester:

»Schon früh entwickelte sich in Cato der sehr starke Hang zur Religiosität. Oft brachte sie unseren alten Religionslehrer zur Verzweiflung, wenn sie ihm versicherte, die Neger beteten nicht nur Steine an. Die Gefühle für Religion und Menschenliebe waren anfänglich noch vermischt. Mit dem Roman ›Onkel Toms Hütte‹ trat sie begeistert für das Recht der Schwarzen ein und lehnte jegliche Art von christlicher Mission ab. Sie stellte die Mission hin als eine Einmischung in uralte Gesetze, zu denen uns Europäern jegliche Beziehung fehle. Dieses sei ein großes Unrecht.«

Aber nicht nur den Dorfschullehrer, der ihren Fragen sicher nicht immer gewachsen war, versetzte Cato in Erstaunen. Auch mit Pastor Tidow kam es immer wieder zu Auseinandersetzungen, beispielsweise über das »Gleichnis vom Feigenbaum« aus dem Neuen Testament, denn die Verfluchung des Feigenbaumes erschien ihr unfaßbar. Und über die Konfirmandenprüfung berichtet die Schwester Mietje:

»In der Prüfung der Konfirmanden, die immer in der Kirche und vor der Öffentlichkeit stattfand, entspann sich schließlich eine Diskussion zwischen dem Pastor und Cato. Die Bauern schüttelten die Köpfe vor dem ungewohnten Ablauf der Dorfkonfirmations-Prüfung.«

Bevor Cato konfirmiert werden konnte, mußte sie jedoch zunächst getauft werden. Die Eltern hatten es den Kindern freistellen wollen, ob und welche Kirchenzugehörigkeit sie einmal wählten, und hatten sie aus diesem Grund nicht taufen lassen. Mitunter wurden sie deshalb von den Mitschülern und Spielkameraden als »die Heiden« bezeichnet. Das heißt, daß sie – so integriert sie auch sonst sein mochten – doch irgendwie außerhalb standen.

Cato überzeugte auch ihre jüngeren Geschwister von der Zweckmäßigkeit einer Taufe. Der Bruder Tim erinnert sich:

»Ich glaube, ich war damals neun Jahre alt. Da sagten Cato und Mémé zu mir: Mehrheitsbeschluß – wir lassen uns taufen. Da habe ich gefragt: Was macht ihr da? – Ja, sagten sie, das wird ein schönes Fest, paß mal auf. Das tut nicht weh, und irgendwann mußt du's doch machen, also tu das mal und wir lassen uns alle drei taufen. – Da bin ich an die Wümme gegangen, und in einem Eimer habe ich Wasser geholt für den Pastor. Dann hat der Pastor hier in der Veranda die Taufe vorgenommen.«

Das war 1933. Die Bontjes van Beek-Kinder standen nun nicht mehr außerhalb. Aber dieser Zustand war nicht von Dauer. Denn bald sollten sie wieder Außenseiter sein – diesmal in politischer Hinsicht.

Was hier durch die Religion in Cato angelegt war, sollte ihr auch in Zukunft unverlierbar sein. Sie vertiefte es noch durch ihre Lektüre – etwa durch Emil Bocks Schriften zum Urchristentum[*], vor allem aber des Neuen Testaments. So

[*] Beiträge zur Geistesgeschichte der Menschheit. Bd. 4: »Cäsaren und Apostel«, Stuttgart 6. Aufl. 1983.

konnte sie am 17. März 1943 aus dem Gefängnis an ihre Mutter schreiben:

»Was auch kommt, ich habe keine Angst und blicke zuversichtlich in die Zukunft und weiß selbst nicht, woher ich diese Zuversicht nehme. Es ist ein starker Glaube in mir, und hier habe ich erfahren, daß ich immer schon religiös war, und das hat sich nun sehr gefestigt.«

An ihren Bruder Tim schrieb sie am 26. April 1943:

»Liebster Tim, ich las gestern am 1. Ostertag im Johannes-Evangelium, und vielleicht rührt auch daher meine große innere Freude. Ich lese im Neuen Testament immer wieder mit ganz neuen Augen, und ich finde, alles andere muß dagegen verblassen. Wenn man die Bibel bei sich hat, ich glaube, man braucht dann kein anderes Buch, das erkenne ich immer mehr, und auch meine Gläubigkeit, die bisher in mir schlummerte, habe ich nun wahrhaftig entdeckt.«

Und ihrer Schwester schrieb sie am 5. August 1943, unmittelbar vor ihrer Hinrichtung:

»Weißt du, lese doch einmal ganz systematisch die vier Evangelien. Du glaubst gar nicht, wie stark man durch dies systematische Lesen wird.«

»Ich habe nie einen Menschen kennengelernt«, sagt Marta Husemann, die 1943 im Gefängnis Berlin-Charlottenburg Catos Zellengenossin war, »der eigentlich fern von jeder kindlichen Religiosität so aus dem Innersten heraus gläubig ist.«

Es scheint, als hätte Cato die Wahrheit gefunden, nach der sie während ihres kurzen Lebens so inbrünstig gesucht hatte.

Fischerhude in der Nazizeit – Schwimmen gegen den Strom

Neben Religion und Literatur gab es noch eine dritte wirkende Kraft, die Catos Leben beeinflußte – das war die Politik. Aufgewachsen in einer Familie, die als linksstehend bekannt war, sah sie sich nun einer Alltagswirklichkeit gegenüber, die allem ihr Vertrauten geradezu entgegengesetzt war. Denn auch an dem Dorf Fischerhude ging der Nationalsozialismus nicht vorbei.

Eine der Wurzeln für dessen Anwachsen lag in der Weltwirtschaftskrise, die viele Bauern in Existenznot brachte – vor allem durch den Verfall der Vieherlöse. Da Fischerhude im Marschland liegt, wird hier von jeher wenig Getreide angebaut. Der starke Preisverfall für Schlachtvieh zwischen 1931 und 1932 führte zu einer anwachsenden Verschuldung vieler Betriebe. Noch mehr aber litten die »kleinen Leute« Fischerhudes unter der wirtschaftlichen Lage. Weil sie kaum eigenes Land besaßen, waren sie von den »Großbauern«, die oft über beachtlichen Landbesitz verfügten, abhängig. Dazu äußerte sich Heinrich Peper, Mitbegründer der NSDAP in Fischerhude, Jahre später in einem Interview:

»Wir haben in den ersten Jahren in Fischerhude wohl kaum Großbauern gehabt, die bei der Partei waren. Wenn ich an die Männer denke, die auch in der SA gestanden haben, waren das Arbeiter, Kleinlandwirte und kleine Handwerker. Das ging hier also, weiß Gott, den Leuten damals außerordentlich schlecht.«

Die politische Entwicklung im Dorf kann an den Ergebnissen der Reichstagswahlen abgelesen werden. Im Mai 1928 sah die Stimmenverteilung in Fischerhude folgendermaßen aus:

SPD – 102 Stimmen

deutsch-nationale Parteien – 169 Stimmen

NSDAP – 64 Stimmen

Im November 1932:
SPD – 47 Stimmen
deutsch-nationale Parteien – 115 Stimmen
NSDAP – 262 Stimmen.

Das Achimer Kreisblatt brachte unter dem Titel »Des Füh-
rers Sturmsoldaten eroberten den Kreis Verden-Achim« am
23. März 1935 einen Bericht über eine Propagandafahrt von
Formationen der SA und SS. Darin heißt es:

»Unter klingendem Spiel ging es durch die Straßen der
alten Bischofsstadt Verden hinaus in das weite, in der la-
chenden Morgensonne friedlich daliegende Marschland.
Von jedem der mit braunen Kämpfern vollbesetzten Wagen
flatterte die Sturmfahne, ein sieghaftes Symbol des Kämp-
ferwillens des neuen Deutschlands. Frischer Gesang der
Männer hallte hinaus ins Land und übertönte das Rattern
der schweren Motoren. Überall vor den in stiller Sonntags-
ruhe daliegenden Bauernhäusern standen die Einwohner
und jubelten den braunen Kämpfern begeistert zu.«

Im Hause Bontjes van Beek gab es keine Begeisterung
über die neuen Machthaber. In den Aufzeichnungen von
Mietje lesen wir:

»Ich erinnere mich an die große Ratlosigkeit, die in unserem Haus herrschte, als am 30. Januar 1933 aus dem Radio
uns diese Kunde zugeschmettert wurde. Auch wenn wir
noch sehr jung waren – Cato 12, ich 10 und mein Bruder Tim
9 Jahre alt –, konnten wir den Schrecken, der die Erwachsenen erfaßte, deutlich spüren. Um uns herum keimte das
Gefühl der Angst um unsere vielen jüdischen Freunde, deren grausiges Schicksal noch ganz im dunkeln lag.«

Die Mutter, Olga Bontjes van Beek, entschloß sich, ihre
Kinder von HJ und BDM – den Jugendorganisationen der
Nazis – fernzuhalten. Das war kein leichter Entschluß.
Olga:

»Eine Freundin kam zu mir und sagte: ›Ich bin ganz deiner Meinung, aber es wird Jahre dauern, bis die Nazis
wieder verschwinden. Und du kannst deinen Kindern nicht

39

die Zukunft verbauen.‹ Da hab' ich zuerst gezögert. Dann bin ich in die Surheide gelaufen – das war mein Trost. Und da sah ich die Wolken und sah die Freiheit – und da hab' ich gesagt: Nein, es passiert nicht. Ich lasse sie da nicht eintreten in diese Unfreiheit, Diktatur. Und Diktatur war ein furchtbares Wort für uns alle.«

In ganz Fischerhude war es bekannt, daß die Bontjes Regimegegner waren. Aber man ließ es sie nicht spüren. Man wußte eben: die Bontjes sind so. Wenn die anderen Schulkinder am Wochenende an HJ- oder BDM-Aktivitäten teilnahmen, gingen die Bontjeskinder brav zur Schule. Mietje:

»An jedem Sonnabendvormittag hatten sich die Mitglieder der schulpflichtigen NS-Jugendgruppen unter der Hakenkreuzfahne zusammenzufinden. Es hieß: ›Zum Dienst gehen‹. Dieser Erlaß löste in der Fischerhuder Jugend helle Begeisterung aus, denn es bedeutete für sie das Vernügen, an diesem Tag keine Schule zu haben. Unterrichtspflicht betraf nur die Bontjeskinder. Uns kümmerte das wenig. Wir gingen brav mit unseren Tornistern in die Schule. Und wenn uns auf dem Weg dorthin uniformierte Bauernkinder begegneten, riefen wir einander ›Hallo‹ zu. Es waren doch unsere Freunde.

Nur der Lehrer Heinbokel murrte. Er hätte doch am Sonnabend freigehabt und viel Zeit, sich um seine Bienen zu kümmern. Aber da waren die ›verstockten, verbohrten Bontjeskinder, immer wieder diese Gesellschaft‹.

Am Ende konnte der Lehrer nur resigniert den Kopf schütteln, und er ermahnte uns mit dem Satz, daß man nicht gegen den Strom schwimmen könne. Meine Schwester Cato sprang auf, hob den Finger und rief: ›Herr Heinbokel, aber wir können es!‹«

Dieses »Gegen-den-Strom-Schwimmen« war durchaus auch wörtlich gemeint. Denn Cato war eine begeisterte Sportlerin, die sich bei turnerischen Wettkämpfen viele Auszeichnungen holte. Noch einmal Mietje:

»Hinter dem Haus lag eine Wiese, die sie in einen Sportplatz verwandelte. Da waren Weit- und Hochsprunganlagen entstanden, und es gab Raum für Diskus- und Speerwurf. Schwimmen bei jedem Wetter konnte sie am Ende der Wiese, und es wurde eine Stopp-Uhr eingeschaltet, damit das zu erreichende Tempo kontrolliert werden konnte. Auf einem Schleusengeländer balancierte sie leicht wie eine Feder hin und her und sprang dann aus dieser großen Höhe kopfüber ins Wasser.«

Gern hätte die sportliche Cato an den Wettbewerben teilgenommen, die die neuen Machthaber gerade für die Jugend anboten. Überdies war sie – wie ihre Schwester bestätigte – eine »Führernatur«, die Menschen mitreißen konnte, voller Ideen und Einfälle. Mietje: »Wenn sie nicht in dieser ablehnenden Haltung so erzogen worden wäre in der Familie, wäre sie möglicherweise eine BDM-Führerin geworden.«

Möglicherweise.

Die damalige Fischerhuder BDM-Führerin Anna Eckhoff hätte Cato gerne in ihrer Gruppe gehabt. Auch sie muß eine mitreißende, begeisternde Persönlichkeit gewesen sein. Eine Fischerhuderin, die damals zu ihrer Schar gehörte, sagt: »Es gab zwei Menschen, die uns damals prägten: einmal Pastor Tidow und dann – Anna Eckhoff.«

Die Lehrerin Anna Eckhoff-Bartke ist heute nicht mehr bereit, über ihre Vergangenheit zu reden. Sie wäre überzeugt gewesen von der Richtigkeit ihres Handelns, sagt sie. Und auch nach dem Kriege habe sie lange nicht einsehen können, daß sie etwas falsch gemacht habe. Erst ihr Mann und später auch ihre Kinder hätten ihr klargemacht, welches Unglück durch den Nationalsozialismus entstanden sei.

Zunächst stand auch Pastor Günter Tidow der NSDAP nahe – er war sogar Parteimitglied. Aus Idealismus sei er in die Partei eingetreten, sagt seine Witwe. Aber nach 1933 habe er sich von der NSDAP distanziert, sei auch zu keinen Versammlungen mehr gegangen. Als er wegen seiner kritischen Predigten denunziert wurde, kam es zu einem gerichtlichen Parteiausschlußverfahren gegen ihn. Wer heute über ihn spricht, sagt: »Er ist nie ein Nazi gewesen.«

Später gehörte Tidow zur »Bekenntniskirche«, zu jener Evangelischen Kirche also, die sich nicht von den nationalsozialistischen Machthabern vereinnahmen ließ.

Dazu Dieter Winkelmann, der damals in Fischerhude die Kirchenglocken läutete:

»Ich weiß nur, daß unser damaliger Pastor Tidow ein sehr mutiger Mensch war, ein bekennender Christ. Er hat in seinen Predigten sehr oft Gestapoleute sitzen gehabt. Und er war sehr mutig, das weiß ich noch heute. In seinen Predigten hat er immer sehr mutig gesprochen.« Peter Tidow, heute ebenfalls Theologe, sagt über seinen Vater:

»Ich habe ihn nie für einen großen Mann gehalten – nur für einen ehrlichen.«

Anna Eckhoff und Günter Tidow – zwei Menschen, die sich in ihrer weltanschaulichen Ausrichtung zunächst sehr ähnlich waren, dann jedoch Wege gingen, wie man sie sich unterschiedlicher gar nicht denken kann. Und während Pastor Tidow schnell Zugang zu dem Mädchen Cato gewann, blieben die BDM-Führerin und Cato sich fremd.

Als eine Art Kompensation für die Nichtteilnahme an den BDM-Aktivitäten gründete Cato den »Mondscheinverein«, zu dem alle Kinder der Nachbarschaft eingeladen wurden. Es fanden wöchentliche Zusammenkünfte statt, bei denen gespielt, gesungen und geturnt wurde. Schließlich wurde der Verein so groß und fand so viel Anklang, daß einige Kinder aus BDM und HJ austreten wollten – zugunsten des Mondscheinvereins. Mietje, die »Schatzmeisterin« des Vereins war, erinnert sich: »Cato merkte aber sehr bald die Tragweite ihres Unternehmens und ließ davon ab.«

In Catos Elternhaus sah man im Anwachsen des Nationalsozialismus eine große Gefahr. Der Bremer Senator Adolf Ehlers schreibt dazu in seinen Lebenserinnerungen: »Im Dritten Reich sind mir nur wenige Menschen begegnet, die aus so voller Überzeugung und aus einem unbeugsamen

Gerechtigkeitsempfinden heraus gegen die Willkür des Hitler-Regimes gestanden haben wie die Mutter Catos.«

Zwar wußte man im Dorf, daß die Bontjeskinder »Verweigerer« waren. Die Erwachsenen galten als Kommunisten. Doch man ließ sie unbehelligt. Schließlich hatte man lange genug mit den »Maulers« und den »Professors Kinnern« gelebt und sie akzeptiert und war im Grunde auch ein bißchen stolz darauf, so berühmte und aus dem Rahmen fallende Leute im Dorf zu haben. Für die Bontjeskinder allerdings »begann nun das gefährliche Spiel, welches man lernen mußte: daß man mit verbotenen Dingen umzugehen hatte und mit versteckter Sprache« (Mietje).

Ganz ähnlich erlebte Annita Otterstedt-Oldnall, eine enge Freundin Catos, diese Situation:

»Unsere Eltern kannten sich zwar, aber ihre Wege führten sie nicht oft zusammen. Das änderte sich aber nach 1933, und es entstand eine Freundschaft, einmal durch uns und dann ganz besonders durch die anti-nationalsozialistische Einstellung beider Elternhäuser. Wie eng und wichtig diese Freundschaften waren, wie man den engen Freunden vertrauen mußte, denen man gewissermaßen sein Leben in die Hände gab, läßt sich nicht beschreiben und kann wohl auch nicht wieder so erlebt werden. Aber das war der Hintergrund unseres Lebens und Aufwachsens in der damaligen Zeit.

Ich weiß nicht, ob Catos oder meine Familie Feinde in der Nazizeit hatten. Ich weiß nur, daß man sich sehr vorsehen mußte und gut überlegen, was man sagte. Besonders galt das vor Menschen, die man nicht kannte. In einem Dorf kannte jeder jeden, und vor 1933 hatte man ja nicht geschwiegen, so daß man nach 1933 ganz genau wußte, wer Nazi und wer Antinazi war. Es wurde heftig politisiert, man schimpfte sich aus über die Nazis, weil man das als Ventil brauchte – aber nur unter engen Freunden, denen man vertrauen konnte. Wir Kinder hörten es oft und wurden ebenso oft ermahnt, daß wir ›draußen‹ nicht sagen dürften, worüber unsere Eltern gesprochen hatten. Diesen ständigen Druck der Angst, etwas verlauten zu lassen und die Eltern in Gefahr zu bringen, bin ich erst 1945 losgeworden.«

Während die Bontjeskinder durch Olgas Einfluß dem Zugriff der braunen Machthaber entzogen wurden, gingen ihre Cousins Ulrich und Christian Modersohn einen anderen Weg: Sie traten für einige Zeit in die SA ein. Vor allem Ulrich erhoffte sich davon die Möglichkeit, an der Gestaltung einer besseren und gerechteren Gesellschaft mitwirken zu können. Daß ihre idealistischen Motive von der Familie toleriert wurden, geht schon daraus hervor, daß sie weiterhin im Hause Bontjes van Beek verkehrten, wo Ulrich über längere Zeit auch sein Atelier hatte.

Annita Otterstedt-Oldnall erinnert sich:

»Für Ulrich war dies neue Deutschland ein Ideal seiner Zukunft geworden.« Daß er dabei nicht unkritisch war, geht aus den Äußerungen seiner ehemaligen Kameraden hervor. So trat er, als bei einer SA-Übung ein hetzerisches Lied gesungen wurde, aus dem Glied und weigerte sich, einen solchen Text mitzusingen.

Später, als Soldat, schrieb er aus Rußland:

»24. 3. 1942

(...) Und dann die Angst der Bewohner hier. (...) Wir dürfen ihnen ja nichts sagen. Aber ich bin ein schlechter Täuscher. Als sie eben versuchten, in meinen Augen die Wahrheit zu lesen, konnte ich ihren Blicken nicht standhalten. Ich kann nun einmal nicht brutal sein gegen Schwache und Gehetzte, und darum sind sie mir dankbar. (...) Kann man da es nicht versuchen, durch Menschlichkeit, wo es eben geht, wieder gut zu machen?«

Noch einmal Annita Otterstedt: »Ulrich war ein unglaublich liebenswerter, anständiger und sensibler Mensch.«

Fischerhude in der Nazi-Zeit: das war ein Dorf, in dem Nazis und Nazi-Gegner nachbarschaftlich miteinander leben konnten. Dore Blindow, die 1941 als junge Lehrerin nach Fischerhude kam, schrieb erstaunt an ihren Vater: »Hier grüßt kein Mensch mit ›Heil Hitler‹.« Worauf ihr Vater, ein Wuppertaler Pastor, ihr postwendend antwortet: »Dore, bleib da!«

Aber während Lehrer Heinbokel, mit dem zusammen sie in der Fischerhuder Dorfschule unterrichtete, sich niemals über politische Dinge äußerte, war der Kollege Hinsch aus Quelkhorn, einem Ortsteil Fischerhudes, das, was man einen »strammen Nazi« nennt, vor dem man sich in seinen Äußerungen in acht nehmen mußte.

Auch Vereine, wie beispielsweise die Freiwillige Feuerwehr, wurden von den Nationalsozialisten vereinnahmt. Hermann Müller, Mitglied der Freiwilligen Feuerwehr, erinnerte sich, daß damals alle marschieren mußten: »Alles mußte in Bewegung sein, damit sie nicht auf schlechte Gedanken kamen.« Auch er war – wie alle anderen – »treu mitmarschiert«. Mit Brandbekämpfung hatte das Ganze wenig zu tun, und die Feuerwehrleute murrten: »Mensch, müssen wir das Feuer tottrampeln?«

Aber Hermann Müller, der auch Mitbegründer der Fischerhuder NSDAP-Ortsgruppe war, sie jedoch 1934 schon wieder verließ (»da hatte ich den Laden durchschaut«) marschierte nicht nur, er informierte sich auch: »Zu Anfang des Krieges haben wir noch den Londoner Sender gehört. Meine Frau stand hinterm Stubenfenster abends, und so haben wir den Londoner Sender gehört. Das durfte man nicht. Und man mußte immer aufpassen, daß das keiner sah.«

Andere waren nicht so mutig. Ursula Tidow z. B., die Witwe von Pastor Tidow, sagt: »Ausländische Sender anzustellen – dazu hätte ich keine Courage gehabt.« Verständlich, wenn man bedenkt, wie oft Gestapo-Leute in der Kirche saßen, um die Predigten ihres Mannes mitzuschreiben.

Danach befragt, ob sie von den Konzentrationslagern gewußt habe, antwortet sie: »Heute glaubt man das ja nicht – aber wir haben nichts gewußt von den Konzentrationslagern. Es gab ja auch die Kommunikationsmittel nicht wie heute.«

Kommunikationsmittel gab es auch damals – man denke nur an die Millionen von »Volksempfängern« –, aber die verbreiteten eben nur, was den nationalsozialistischen Machthabern genehm war.

Da hatte Hermann Müller schon andere Informationsquellen. Er wußte von Leuten aus dem Dorf, die »geholt« worden waren; der alte Maurer Hastedt etwa oder der Mühlenpächter Steinblock. Beide waren dafür bekannt, daß sie keine Nazis waren. Als sie gegen das Regime murrten, wurden sie denunziert und ins KZ gebracht. Nach ihrer Rückkehr berichteten sie auch Hermann Müller von ihren Erlebnissen, allerdings unter dem Siegel der Verschwiegenheit: »Sagt ihr das weiter, dann holen sie uns!«

Fischerhude in der Nazi-Zeit: das Dorf, in dem Cato aufwuchs, war ein Ort voller Widersprüche – und damit exemplarisch für jeden anderen Ort im Deutschland jener Zeit.

»Wo ich hingehe muß ich die Leute
zum Lachen zwingen«
England – Berlin – Bremen

»Also, auf dem Schiff war es ganz wunderbar beautiful
(wird schon *nicht* richtig geschrieben sein). Im Eßsaal saß
ich mit drei Herren zusammen an einem Tisch. Die alle drei
nach Southampton fuhren. Der eine war ein Inder, der eine
ein Student, und was der andere war, daraus bin ich nicht
klug geworden. Dem Inder konnte man nicht in die Augen
sehen, weil er eine dunkle Brille trug. Aber gesehen hab
ich, daß er nur aus einem Auge sah. Sein Name war *Schankhavi*. Er konnte kein Deutsch, und ich verstand immer nicht,
was er sagte auf Englisch, so hab ich es mir immer vom
Studenten übersetzen lassen. Gegen Abend hat Mister
Schankhavi uns wunderbare indische Lieder vorgespielt. Er
hatte nämlich ein Grammophon. Die Lieder waren ganz
wunderbar. Der eine Kerl, nicht der Student, der war ganz
idiotisch und doof. Er empfing mich schon gleich mit, wie
ich mir denn vorkomme als einzige Rose unter soviel Dor-
nen. Ich kann Dir sagen, wie hab ich da wieder das Rotwer-
den verflucht.«

Dieser Auszug aus einem sehr gesprächigen und ausführ-
lichen und in seiner Art typischen Jungmädchenbrief an die
Fischerhuder Freundin Annita zeigt schon sehr deutlich Catos gradliniges Wesen und ihre Gabe zur genauen Beobach-
tung. Dieser Brief vom 19. 1. 1937 wurde kurz nach ihrer
Ankunft im Haus der Beesley-Familie in Winchcombe geschrieben. Cato war sechzehn Jahre alt und offen für alles
Neue, das ihr begegnete.

Der Kontakt nach England kam durch ihre Tante Amelie
zustande, die in Bremen früher an einer internationalen
Friedensgruppe mitgearbeitet hatte. Muriel Beesley, eine
junge Lehrerin aus England, freundete sich mit Cato an und
lud sie ein, als eine Art Aupair-Mädchen nach Winchcombe
zu kommen. Der praktischen und handfesten Cato machte

Hausarbeit wenig aus, und so ging sie 1937 für fünf Monate nach England.

»Zu arbeiten gibt es hier im Haus nur vormittags, und dann auch nicht mehr wie zu Hause«, berichtete sie Annita. Die übrige Zeit verbrachte Cato damit, Sport zu treiben – so begleitete sie Pat, eine der Töchter des Hauses, in die Gymnastikstunde, wo sie sich prompt besonders hervortat. Oder sie spielte Tischtennis mit ihr – ein Spiel, das für sie selber neu war, während Pat schon seit einigen Jahren spielte. Trotzdem konnte Cato sie schlagen, wie sie Annita begeistert berichtete. Und ihr Traum vom Fliegen wurde endlich wahr.

Dazu berichtet die Schwester Mietje:

»Die Freude, wirklich dort oben zu sein, war so groß, daß sie den Piloten, der das Flugzeug steuerte, bat, er möge doch mit ihr einen Looping machen. Und der Mann lachte, trat auf einen Hebel und ein großer Windstoß ging durch ihre Haare. Der Looping war ausgeführt!«

Auch über die Filme, die sie hier sah, berichtete sie der Fischerhuder Freundin – z. B. »San Francisco« mit Clark Gable, »Show Boat« mit Irene Dunne und Paul Robson, »Sanders of the River«, ebenfalls mit Paul Robson. Dieser schwarze Schauspieler hatte es ihr besonders angetan. Er war für sie »ein Prachtkerl. Da kommt Jesse Owens trotz seiner 10,2 Sek. nicht mit.« In einem anderen Brief schrieb sie über Robson: »Er ist ganz famos und hat eine herrliche Stimme. Ich habe noch nie jemand so schön singen gehört. Hier schwärmt jeder für Richard Tauber, während ich mir ja nun gar nichts aus dem mache.«

Filme spielten bei den Beesley-Töchtern offenbar eine große Rolle:

»Enid, Pats Schwester, schwärmt nun aber gleich 10 amerikanische Schauspieler an, und jeden Morgen wische ich über die Gesichter von John Bales, Roman Navarro, Niels Ather, Ronald Colman und Leslie Howard. Ich wische dann nämlich Staub, und alle Gesichter lächeln, und Ramon Navarro sagt sogar: ›with my best wishes‹. Enid hat nämlich die

Postkarten nach Amerika geschickt für Autogramme. So ein Quatsch!«

»So ein Quatsch«, schrieb Cato über Enids Schwärmerei für einen Schauspieler – dabei beendete sie selbst ihren Brief mit den Sätzen:

»Hans und Unkas grüßen auch vielmals.

Hans macht gerade einen Flug in die Türkei, und Unkas schreit nach mir, er will mit mir spielen, wenn der Brief zu Ende ist, und es dauert ihm nun zu lange.«

Wobei es sich bei Unkas und Hans um ihre Phantasie-Familie handelt. (Hans war der von ihr angeschwärmte Flieger Hans Bertram).

Aber nicht nur Filme sah Cato. Ihre Gastgeber-Familie nahm sie auch mit nach Stratford-upon-Avon zu einer Aufführung von »A Midsummernight's Dream«. Und auch sonst mangelte es nicht an gesellschaftlichen Ereignissen:

»Ganz England steht unter dem Eindruck der bevorstehenden Krönung. Winchcombe ist mit Flaggen geschmückt, und in den Geschäften prangt das Königsbild. Ich möchte gerne nach London fahren, um die Zeremonie zu sehen. Ich möchte aber einen gepolsterten Stuhl zu des Königs Rechten haben. Augenblicklich sind die Zeitungen voll von King Edward oder the Duke of Windsor und Mrs. Simpson. Sie wollen gleich nach der Krönung heiraten. Ich verstehe nicht, warum man solch ein Getüte macht, laßt sie doch heiraten, wenn sie glücklich sind. Das englische Volk wollte sie nicht als Königin haben, weil sie zweimal geschieden ist.

Am Krönungstag ist hier Ball, und zwar Kostümball. Pat ist Frühling, Pats Schwester Enid ist Sommer, ich bin Herbst und eine Freundin von Enid, Rhoda, ist Winter. Pat ist glücklich im grünen Frack. Nachmittag ist große Prozession und abends wird getanzt.«

Erstaunt es bei all diesen Erfahrungen und Erlebnissen, daß Cato der Freundin Annita in ihrer neuerworbenen Weltläufigkeit folgendes schrieb:

»Ich lache oder lächle vielmehr, wenn Du mir schreibst, daß du nach der Schule mit einer Freundin ›in eine Eisdiele gehst und für 50 Pf. Eis verzehrst‹. So echt bremerisch! Ha, ha!!!«

Annita erinnerte sich viele Jahre später, daß Cato nicht nur an den Zerstreuungen interessiert war, die das Leben in England ihr bot:

»Als Cato in England war, hatte sie ganz besondere Gelegenheit dazu, die verschiedenen Denominationen der christlichen Kirche kennenzulernen. Damals wurde sie besonders von der methodistischen Kirche angesprochen, sie mochte die Schlichtheit.«

Und in den Aufzeichnungen von Mietje lesen wir:

»Die englische Sprache beherrschte sie bald fließend und beschäftigte sich dann eingehend mit der englischen Nationalliteratur. Ihr Freundeskreis drüben bestand in der Hauptsache aus jungen Studenten, mit denen sie eingehend über moderne Literatur und Philosophie diskutierte.«

Zu diesem Freundeskreis gehörte auch John Hall. Er machte sie mit den zeitgenössischen metaphysischen Werken des Dichters John W. Dunne bekannt, für dessen Texte – z. B. über die Unsterblichkeit – Cato sehr offen war. Cato und John gemeinsam war auch das Interesse an chinesischer und indischer Literatur.

Die Freundin Annita Otterstedt-Oldnall schrieb dazu:

»John Hall war ein Freund von den Beesley-Töchtern, von Pat und Enid. Es war ein ganzer Kreis von jungen Menschen, in den Cato hineingeriet. Sie war damals das Küken, und es war John, der ihr von allen am besten gefiel. Sie mochten sich, sie verstanden sich, und sie hatten sehr ähnliche Interessen. Als sie dann wieder in Deutschland war, besuchte er sie und die Familie, und so lernte ich ihn kennen.«

Mietje erinnert sich an John als einen sensiblen jungen Mann, »nett, sehr ruhig, rote Haare, helles langes Gesicht, ein richtiger Engländer«. Bei seinem Besuch in Fischerhude trug er zu Hemd und Pullover eine graue Flanellhose – was in diesem Dorf, wo die Männer Knickerbocker oder Breeches trugen, natürlich besonders auffiel.

Cato und John Hall. Fischerhude 1938.

John Hall, der fünf Jahre älter war als Cato, hatte alles geplant: er wollte sein Studium beenden, dann seinem Vater das dafür vorgestreckte Geld zurückzahlen. Dann wollten er und Cato heiraten. Auch Cato fühlte sich an ihn gebunden. Aber dann kam der Krieg, und sie konnten sich nicht einmal mehr schreiben. Mietje:

»Wenn der Krieg nicht gewesen wäre, wäre etwas Festes und Schönes daraus geworden.«

Auch noch während ihrer Zeit in Berlin las Cato häufig in Johns Briefen. Und aus dem Gefängnis schrieb sie kurz nach der Urteilsverkündung am 21. Januar 1943 an ihre Mutter:

»Grüße auch John, er soll mir vergeben.«

John Hall war während des Krieges in Indien stationiert. Er wurde Buddhist, heiratete und betrieb später in England eine esoterische Buchhandlung. Für ihn, sagte er, sei Cato nie gestorben.

Es gefiel Cato in England, und der Abschied von dort wurde ihr schwer. In einem Brief vom März 1937 schrieb sie an die Freundin Annita:

»Ich kämpfe nun darum, daß ich hier bleiben kann. Das englische home office will mich nur zwei Monate hier haben, und die sind in ein paar Tagen abgelaufen. Wir unternehmen nun alles Mögliche. (...) Wir wollen das Beste hoffen. Man sagte mir schon, wenn ich weggehen muß, werden viele Leute weinen. Ich meinte, ganz so schlimm wird es denn doch nicht sein. Ich habe mir in den zwei Monaten viele Freunde unter den englischen Leuten erworben. Ich weiß nicht, was das ist, aber wo ich hingehe, muß ich die Leute zum Lachen zwingen. Sogar hier in England ist es so, und zwar ganz schlimm. Wo ich hingehe und erzähle, lacht man.«

Es gelang ihr, die Aufenthaltserlaubnis verlängern zu lassen. Aber im Sommer 1937 war Catos englische Episode endgültig vorbei. Eine so unbeschwerte Zeit sollte sie nie wieder erleben.

Während des Winterhalbjahres 1937/1938 wohnte Cato bei ihrem Vater Jan in Berlin. Sie besuchte dort die Kaufmännische Fachschule des Lette-Vereins, einer Organisation, die maßgeblich an der Frauenbildungsbewegung des 19. Jahrhunderts beteiligt war. Hier sollte sie sich all die Kenntnisse aneignen, die im kaufmännischen Bereich der »Fischerhuder Kunstkeramik« – einer Töpferwerkstatt, die von ihrer Tante Amelie und dem mit ihrer Tante Haina verheirateten Fritz Schmidt betrieben wurde – nötig waren: Stenografie, Buchhaltung, allgemeines Kaufmannswissen. Eine trockene Materie, über die Cato sich nicht selten beklagte. Wenigstens konnte sie sich in der Segelfluggruppe, in der sie Mitglied geworden war, immer wieder über den Alltag erheben. Daß es sich bei dieser Gruppe um eine nationalsozialistische Einrichtung handelte, störte sie nicht – woanders als hier war Fliegen für sie nicht möglich.

Um auch die praktische Anwendung ihres kaufmännischen Wissens zu erlernen, trat Cato 1938 in das Ingenieurbüro Heyse und Eschenburg in Bremen ein. Auch dies war nicht unbedingt die Erfüllung ihres Lebenstraums. Aber – so ihre Schwester Mietje –: »Cato hat alles angenommen. Sie wollte nicht nur Kunst machen. Sie war praktisch. Die große Selbstfindung hatte sie nicht nötig.«

Der Betrieb in Fischerhude erforderte diese kaufmännische Ausbildung – und damit war die Sache für Cato entschieden. Später wollte sie Keramikerin werden. Vorerst fand sie sich mit dem ab, was notwendig war. Und sie tat es fröhlich, brachte auch in den Büroräumen am ehrwürdigen Bremer Tiefer wieder alle Menschen zum Lachen.

Ihren Träumen hing sie nach, wenn sie auf ihren Zug nach Hause warten mußte. Dann saß sie in der Bibliothek, die sich damals noch unmittelbar neben dem Bremer Hauptbahnhof befand, und las oft stundenlang. Hier gestattete sie sich all die geistigen Höhenflüge, die in ihrem Alltag nun keinen Platz mehr hatten.

Zu Hause angekommen, verwandelte sie sich wieder in die praktische Cato, die nicht zuletzt auch einen großen Teil

der Haushaltspflichten übernahm. Und für ihr erstes selbst-
verdienstes Geld ließ sie eine neue Spüle in die Küche
einbauen.

Das junge Mädchen Cato: lebenslustig und praktisch.
Woher kam ihr da die Vorahnung, die sie im März 1939 diesen Traum notieren ließ:

»Ich hatte einen seltsamen Traum. Mir träumte, ich sei
zum Tode verurteilt worden, zusammen mit noch anderen.
Warum, und was ich verbrochen hatte, weiß ich nicht. Ich
war aber das einzige weibliche Wesen. Nach dem Urteil
wurden wir gleich zum Hinrichtungsplatz geführt. Der Weg
dorthin ging durch eine große Halle, die mit rotgemusterten
imitierten persischen Teppichen behangen war. Zuerst ging
der Scharfrichter, dann die Richter, dann wir Verurteilten
und hinter uns ein Haufen Volk. Alles strömte durch die
riesige Halle einer mit dicken roten Teppichen belegten
Treppe zu. Ich wußte genau, dies ist mein letzter Gang.

Ich spüre aber in mir nicht die geringste Trauer um mein
Leben, nein, ich habe vielleicht schon mit dem Leben vollkommen abgeschlossen und warte nur noch auf die Hand
des Henkers. Plötzlich bemerke ich eine Unruhe unter den
Mitverurteilten. Sie blicken alle schon zur Seite, und da fällt
mir auf, daß wir ja völlig ohne Gendarmerie gehen, völlig
ohne Bewachung schreiten. Es wird mir klar, daß meine
Mitverurteilten flüchten wollen. Ich bin darüber empört und
nenne sie Feiglinge. Warum ich selbst an keine Flucht
dachte und warum ich so empört war gegen meine Mitgefangenen, die weiter leben wollten, weiß ich nicht. Die
Flucht gelang.

Stolz darüber, daß ich den Mut habe, jetzt freiwillig in
den Tod zu gehen – wenn ich geflüchtet wäre, wäre ich frei
gewesen – schreite ich nunmehr ganz allein die letzten Stu-
fen der Treppe empor. Merkwürdigerweise hat weder der
Henker, noch haben die Richter, noch hat das Volk die
Flucht der anderen bemerkt.

Wir befanden uns dann in einem länglichen Zimmer. Mir
wurde ein Stuhl angewiesen, der sehr viel Ähnlichkeit mit

dem eines Zahnarztes hatte, auch die bewußte Stütze für den Kopf fehlte nicht. Ich wußte sofort, das ist der Henkerstuhl. Aber vollkommen ruhig und gefaßt setzte ich mich. (...)

Ganz tief holte ich dann Atem und legte dann den Kopf zurück, warf ihn in den Nacken. Ich spürte das Messer an meinem Hals, einen Ruck und hörte den Kopf nach hinten rollen, irgendwohin, vielleicht in ein tiefes Loch, wo schon viele Köpfe lagen. (...)

Befand sich nun mein Geist im Kopf oder im Körper? Oder verließ er den Kopf, nachdem er vom Körper getrennt war, und ging in den Körper über? Im Traum ist ja alles möglich!«

»Ihr redet nur – und keiner tut was«

Catos Traum von ihrer Hinrichtung war nicht die einzige
Vorahnung. Am 4. März 1940 schrieb sie an ihre Tante
Louise Modersohn:

»Weißt du, liebe Lolo, seit ein paar Tagen bin ich wahnsinnig unruhig. Ich spüre es ganz genau, irgend etwas ganz
Furchtbares wird in der nächsten Zeit geschehen. Etwas,
das uns alle betreffen wird. Es muß allerdings etwas ganz
Furchtbares sein, das spüre ich genau. Wir leben alle viel zu
gleichgültig dem Leben gegenüber, diesem traurigen Leben. Es ist alles so wahnsinnig trostlos. Ich stelle mir immer
wieder die Frage: ›Warum ist es so?‹, ich weiß aber keine
Antwort. An manchen Tagen spüre ich es ganz besonders
stark, daß alles seinem Ende entgegengeht. Alles wird sich
verändern, und nichts wird so bleiben und so werden, wie
wir es uns denken. Die Welt ist so schrecklich.«

Die politische Lage hatte Cato bereits ein Jahr zuvor deutlich erkannt. Aber selbst der Brief, den sie im Herbst 1939
aus dem Reichsarbeitsdienstlager Blaustein schrieb, klang
nicht so verzweifelt wie dieses Schreiben an ihre Tante
Lolo.

Was war geschehen? Waren es ihre Erfahrungen in Blaustein, die sie in eine solche Mutlosigkeit gestürzt hatten?

Ein halbes Jahr nach dem Brief an Lolo schrieb Cato über
ihre Zeit beim Arbeitsdienst:

Fischerhude, den 9. September 1940
»Wenn ich jetzt so auf meine RAD-Zeit zurückblicke, so
stelle ich fest, daß sie mir doch auch genützt hat. Erst dachte
ich mir, es sei ein Loch in meinem Leben, aber es wäre
falsch, das zu behaupten. Kein Lebensabschnitt, was es
auch sei, darf ein Loch sein. Man muß immer profitieren.

Das Wesentlichste, das ich vom RAD profitiert habe, ist, daß ich Menschen schätzen gelernt habe, mit denen ich sonst nie zusammengekommen wäre, die ich auch nie irgendwie beachtet hätte im sonstigen Leben. Ich denke dabei an eine Berliner Plätterin, die mir in Berlin bei der Abfahrt als unangenehm auffiel. Ihr äußeres Wesen, ihre Sprache – ›mir‹ und ›mich‹ prinzipiell verwechselnd – stieß mich ab. Im Lager kam ich mit ihr in nähere Berührung. Sie faßte Zutrauen zu mir und erzählte mir ihr näheres Leben. Da spürte ich ihr Suchen nach irgend etwas, wovon sie noch nie gehört hat, weder gelesen noch gehört. Ich war ganz beschämt ob meines ersten stillen Urteils. Ich widmete mich ihr ganz besonders, wollte in ihrem Inneren aber auch keine Wirrnis anrichten. Sie müßte jemanden haben, der sie vorläufig leitet. Bis zur letzten Erkenntnis kann jeder Mensch nur allein hingelangen.«

In Blaustein hatte Cato offensichtlich ganz bewußt ihre Mitmenschlichkeit entdeckt und das, was sie nun und später ihre »Liebe zu den Menschen« nannte.

Ein Beleg hierfür findet sich in dem erwähnten Brief an ihre Tante Louise Modersohn vom 4. März 1940:

»Ich habe nie die Menschen geliebt, ich besaß den großen Fehler, an ihnen immer gleich die komische Seite zu entdecken. Jetzt weiß ich aber, daß alle ein Schicksal haben, und ich liebe sie alle immer mehr und mehr und bekomme mit allen ein unendliches Mitleid. Wenn man jetzt an einem sonnigen Morgen durch die Straßen geht und sich die Menschen ansieht, ihr großes Leid in den Augen erblickt, ihre Unwissenheit und ihr Suchen nach dem Höchsten in ihren Gebärden und in ihren Gesichtern entdeckt, so kann man nichts anderes tun als sie zu lieben, und man vergißt – muß sogar vergessen! – daß sie so oft nicht richtig handeln. Man ist selbst ein ach so armseliger Knochen und hat gar nicht das Recht, über andere zu urteilen.«

Und so, wie ihre Mutlosigkeit und Verzweiflung nicht anhielten, so erschöpfte sich auch ihre Menschenliebe nicht in schönen Redensarten: Die kurze Zeit, die ihr noch blieb, war ein intensives Mit-Erleben und Tätig-Werden.

Nachdem Cato – wegen einer Venen-Entzündung vorzeitig aus dem Reichsarbeitsdienst entlassen – sich in Fischerhude erholt hatte, ging sie zurück nach Berlin. Als Lehrling trat sie in die Keramische Werkstatt ihres inzwischen international bekannten Vaters Jan ein und wohnte auch bei ihm und seiner zweiten Frau Rahel am Kaiserdamm in Berlin-Charlottenburg.

Dort lebte inzwischen auch ihre Schwester Mietje. Während diese mehr ein Leben für sich führte, warf sich Cato in einen Strudel von gesellschaftlichen, kulturellen und politischen Aktivitäten.

Es wurden Feste gefeiert, die allen Beteiligten unvergeßlich blieben. So schrieb Cato am 20. 12. 1941 an ihre Freundin Annita:

»Denke Dir, Mémé und ich sind jetzt in einen ganz orientalischen Kreis geraten. Vor ein paar Tagen haben wir eine Nacht durchgetrunken mit drei Türken und einem Syrer. Ein Perser – das ist mein besonderer Freund, er hat den wohlklingenden Namen Tabatabei – war leider krank. Wenn Tabatabei Komplimente macht, dann sagt er sie Dir nie direkt, sondern erzählt Dir umständlich eine reizende Geschichte, an sich ein Gleichnis, und daraus kannst Du hören, was er meint. Ich mag diese Art, die die Chinesen ja zur Vollendung gebracht haben, besonders gern. Er spricht schlecht Deutsch, und ich unterhalte mich mit ihm viel Englisch. (›Die Blüme ist hubsch!‹) Neulich stritten sich die vier Orientalen über die Freiheit der Frau. Es war eine sehr interessante Diskussion und wir drei aus dem windigen Westen, Mémé, Hannes und ich, wir haben viel gelacht, zumal die Diskussion in gebrochenem Deutsch geführt wurde. Der eine Türke verteidigte heiß das Einweibsystem, und der andere hatte die Ansichten eines richtigen Paschas und beschwor die Vielweiberei wieder herbei. In der Türkei hätte er sie, denn er ist Millionär und türkischer Fürst.«

Aber es waren vor allem politische Themen, die den jungen Menschen auf den Nägeln brannten. Auf einem dieser Feste lieferte der junge Helmut Schmidt das Diskussionsthema. Sehr anschaulich berichtet darüber Thomas von Randow, der spätere Ehemann von Catos Cousine Marianne Schultze-Ritter.

»Hans und Jossie Schultze-Ritter waren an dem Abend bei Wiju Königswarter in Nikolassee eingeladen – und wir verwandelten die ›sturmfreie Bude‹ so gut wir konnten (und so gut wir es uns vorstellten) in ein französisches Café. Einige Gäste – es müssen wohl an die dreißig gewesen sein – hatten sich irgendwie französisch verkleidet.

Ich kannte nur wenige der Feiernden, zumal es jedem freigestellt worden war, seine Freunde mitzubringen. Wir hatten eine Bowle gebraut, die im wesentlichen aus Pfirsichen und Mineralwasser bestand. Zwei Flaschen Wein, die wir auftreiben konnten, haben dem Getränk einen Hauch von Alkohol (niemand legte zur damaligen Zeit besonderen Wert darauf) gegeben.

Als das Fest schon mächtig in Schwung war, kam noch ein Gast in Uniform, ein Leutnant (oder Oberleutnant?) der Luftwaffe (Flak): Helmut Schmidt. Hannes öffnete ihm die Tür und befand, daß eine Uniform in unserem Kreis nicht angebracht war. So bekam der Offizier die Jacke von irgendwem angezogen und statt der Kommißstiefel verpaßte ihm Hannes, der fortan barfüßig herumlief, seine Sandalen.

Die Stimmung war fröhlich. Ansonsten wurde wohl hauptsächlich getanzt – bis Schultze-Ritters zurückkamen. Hans Sch.-R., der gerne mit jungen Menschen debattierte, setzte sich zu uns auf den Fußboden, wo wir – ermüdet vom Tanzen – saßen. Wie immer bei Gesprächen mit ihm: es wurde sofort politisch. Ein Thema war von Helmut Schmidts Gegenwart angeregt worden. Es drehte sich um die Frage, ob ein Antinazi in der Wehrmacht Offizier werden dürfe. Gegen eine Einberufung konnte sich niemand wehren, wohl aber dagegen, sich zum Offizier ausbilden zu lassen.

Da jedoch in der Armee ein Mangel an Abiturienten (eine Voraussetzung) herrschte, war es für diese nicht leicht, der Offiziersausbildung zu entgehen.

Hinzu kam noch dies: In der deutschen Wehrmacht wurde von den Offizieren ein besonders mutiges, ja, draufgängerisches Verhalten erwartet. Deswegen waren die Kriegsverluste im Offizierskorps außergewöhnlich hoch. Just dies war die Basis, von der Helmut Schmidt in seiner beherzten Verteidigung ausging. Er erklärte uns, daß wegen des erheblich größeren Risikos der Offiziere jemand, der dies nicht werden wollte, in den Verdacht geriet, sich vor der Gefahr zu drücken. Er aber wollte nicht als Feigling dastehen. Es gab viel Dissens wegen dieses Arguments, aber der überaus faire Hans Sch.-R. machte uns dessen Stichhaltigkeit deutlich – während des Ersten Weltkrieges war selbst er, dem alles Militärische verhaßt gewesen war, aus ähnlichen Gründen zum Hauptmann avanciert.«

Eine Bekannte aus jener Berliner Zeit, Tatjana Ahlers-Hestermann, erinnert sich:

»Ich begegnete Cato Bontjes van Beek in mancher großen Gesellschaft, und immer sah ich, wie sich keiner ihrem strahlenden Zauber entziehen konnte. Der Frische, die von ihrer kräftigen Gestalt ausging, war das Bäuerlich-Grobe genommen durch die Güte, die aus den großen, hellen Augen hervorbrach, selbstverständlich und siegheischend. Die mattblonden Haare waren in ihrer lässigen Bewegtheit die rechte Rahmung des flächigen Gesichts, in dem der Mund bei jedem Hinschauen neu überraschte, da er zierlich und sehr zart geformt war und so eine seltsame Spannung in den Kopf hineinbrachte. Ohne es je leid zu werden, mochte ich sie beobachten, voll Freude über all ihre Bewegungen und ihre warme Stimme, in der oft ein Lächeln zu hören war, aber auch dunklere Klänge der Trauer.

Oh, wenn wir sie zum Singen überredeten! Mit halber schüchterner Stimme begann sie, denn eigentlich traute sie sich nicht und tat es nur, weil sie nie fähig war, Bitten abzuschlagen. Südseesongs mit merkwürdigen Naturlauten liebte sie besonders, und die synkopenreichen Rhythmen durchfluteten ihren ganzen Körper, der stets zum Tanze bereit schien. Aber auch derbe holländische Kinderlieder wurden durch ihre Anmut verwandelt, ohne den Volksliedcharakter zu verlieren.

Einmal wurde sie gefragt: ›Sag mal, ich sah dich neulich im Park lesend gehen, warum holst du das Buch bis zu den Augen herauf?‹ Sie antwortete voll Verwunderung: ›Da fällt doch ein grüner Schimmer zusammen mit Hölderlins Versen in mich hinein!‹

Sie gab sich mit derselben Leidenschaft allem hin, das ihr echtes Leben brachte: dem Segelfliegen und Rudern ebenso wie der Dichtung; ihre Liebe zur Musik umfaßte in gleicher Weise die klassische wie die moderne und auch ihre Augen waren jeder Schönheit dankbar geöffnet.«

Aber neben dem Festefeiern arbeitete Cato überaus fleißig und machte in der Werkstatt sogar Überstunden. Als die zweite Frau ihres Vaters erkrankte, übernahm sie nicht nur deren Pflege, sondern auch die Führung des gesamten Haushalts – mit zwei kleinen Kindern und den zusätzlichen Problemen, die durch die Lebensmittelrationierung entstanden. Sehr glücklich fühlte sie sich in der Rolle nicht – aber ihr Pflichtbewußtsein ließ es nicht zu, sich dieser Aufgabe zu entziehen.

Wie gut, daß Cato die Schwester Mietje in ihrer Nähe hatte. Mietje erinnert sich an diese Zeit:

»Bei aller Verschiedenheit unserer Wesen hatten wir uns beide sehr nötig. Für mich war Cato immer meine ›große Schwester‹, mit der mich seit früher Kindheit ein tiefes Gefühl des Füreinander-Daseins verband. Man kann dieses seltene Gefühl auch Freundschaft nennen.«

Manchmal holte Cato einen großen Karton aus dem Schrank, der Briefe ihres englischen Freundes John Hall enthielt. Sie wünschte sich, alle ihre – privaten und politischen – Probleme mit ihm erörtern zu können. Mietje:

»Sie erzählte mir dann von der Zukunft, und wir trösteten einander mit dem Gedanken, daß wir ja noch jung waren und das Nazi-Regime auch einmal ein Ende haben würde.« Aber der Kontakt zu John Hall war – kriegsbedingt – abgebrochen.

Inzwischen hatte sich Cato einem Freundeskreis angeschlossen, der in häufigen Zusammenkünften die politische Lage diskutierte. Der spätere Bundestagsabgeordnete Wilhelm Königswarter, der während jener Zeit ebenfalls diesem Kreis angehörte, erinnert sich:

»An den Zusammenkünften dieses Kreises nahm häufig Cato Bontjes van Beek teil, und bei den politischen Diskussionen, deren Charakter durch unsere gemeinsame unbedingte Ablehnung des Hitlerregimes bestimmt war, fiel mir auf, mit welcher Klarheit sie die Mißstände des Nationalsozialismus durchschaute. Sie stand damit im Gegensatz zu der teilweise verhetzten, teilweise gleichgültigen Jugend, die man in Deutschland sonst fand ... Besonders schrecklich erschienen ihr die grausamen Verfolgungen der vielen unschuldigen Menschen, gegen welche die Volksmeinung bewußt aufgehetzt wurde, und ich erfuhr, daß sie jüdische Familien mit ihren Lebensmittelkarten unterstützte, um einiges von dem gutzumachen, was im Namen Deutschlands an ihnen gesündigt wurde. Sie warf uns Älteren sogar vor, daß wir politisch redeten, aber nichts zur Beseitigung des Regimes unternahmen.«

Zunächst waren es die kleinen menschlichen Gesten, mit denen Cato – wo und wie immer sie konnte – zu helfen und ihr Mitgefühl auszudrücken versuchte. Ihre Cousine Marianne von Randow, die Tochter von Jossie und Hans Schultze-Ritter, schrieb dazu:

»Wo Ungerechtigkeit, Not und Elend an sie herantraten, versuchte sie zu helfen, wo immer sie konnte. Sie erzählte mir strahlend von vielen Freunden, denen sie ein wenig half – nachmittags um fünf am Bahnhof Westkreuz ein französischer Kriegsgefangener, dem sie mit viel Gefahren Bücher aus seiner Heimat gab und austauschte, dann eine polnische Arbeiterin, der sie einen alten Mantel von sich schenkte und auch dicke Socken, weil sie voller Frostbeulen war, und vieles mehr.«

Und Tatjana Ahlers-Hestermann berichtet in diesem Zusammenhang:

»Als ich das zweite Mal mit ihr zusammengetroffen war in einem größeren Kreis, gingen wir nachher allein durch die dunkle Stadt heim. Plötzlich ergriff sie meinen Arm und sagte in begeistertem Tone: ›Du, weißt du, was ich morgen mache? Da steigen wir an der Endstation der S-Bahn in einen bestimmten Wagen, in dem einige später von der Arbeit kommende französische Kriegsgefangene mitfahren werden. Für die haben wir Literatur und Zigaretten gesammelt. Die armen Kerle haben doch gar nichts.‹ Neben der Bewunderung, die dies in mir weckte, durchfuhr mich auch ein Schreck, eine heiße Sorge um dieses Mädchen, das, von ihrer übergroßen Güte getrieben, der Vernunft so offenbar entgegenhandelte. Außerdem – sie kannte mich noch kaum und hätte das nicht sagen dürfen. Auf solchen Vorwurf hin lachte sie nur. Das Gefühl angstvoller Bewunderung hat sie viel in mir hervorgerufen. Unbedenklich setzte sie sich für jede menschliche Forderung ein, die an sie herantrat, ob sie nun das Mittagessen für ihre Arbeitskameraden in der keramischen Werkstatt kochte, wo sie eigentlich Töpfe drehen lernen wollte, oder in Berlins Umgebung fuhr, um die unglückliche Liebe eines Straßenbahnschaffners in Ordnung zu bringen. Was tat sie nicht alles, um Juden zu helfen, die sich verborgen hielten.«

Die Kontakte zu den französischen Kriegsgefangenen baute Cato gemeinsam mit Mietje und zwei weiteren Freundinnen auf. Da die Gefangenen mit öffentlichen Verkehrsmitteln zu ihren Arbeitsplätzen transportiert wurden, entdeckten die jungen Frauen bald Möglichkeiten, sich mit ihnen zu verständigen. Dazu Mietje: »Wir hatten eine Technik entwickelt, unauffällig zu sein. Wir gingen wie Passanten im Waggon an ihnen vorbei und steckten ihnen etwas zu.«

Medikamente, Zigaretten, Nähzeug, eine Apfelsine oder ein französisches Buch – das waren die kleinen Geschenke, mit denen Cato und die anderen versuchten, das Leben der Franzosen ein wenig zu erleichtern. Natürlich war das, was die Mädchen taten, verboten. Hohe Strafen standen auf solche Kontakte. Hatten sie Angst? Dazu Mietje: »Nein, gar nicht. Es war ein Risiko, ja. Wir wußten, daß wir vorsichtig zu sein hatten.«

Eines Tages mußte Cato mit ansehen, wie ein jüdischer Bekannter, der im gleichen Haus wohnte, mit seiner Frau und seinem kleinen Kind von der Gestapo abgeholt wurde. Sie ahnte, was diesen Menschen bevorstand, und klagte ihre Freunde und ihre Familie an:

»Ihr redet nur – und keiner tut was dagegen!«

Kurze Zeit später schloß sie sich der Widerstandsgruppe »Rote Kapelle« an.

Worte gegen den Terror –
Die »Rote Kapelle«

Wußte Cato, worauf sie sich einließ, als sie sich zur Mitarbeit in dieser Widerstands-Gruppe bereiterklärte? Sicher ist, daß es ihr einziges Anliegen war, dem Wahnsinn des Krieges ein Ende zu machen – mit friedlichen Mitteln.

»Rote Kapelle« – das ist der Name, den die Gestapo einer Widerstandsbewegung gab, die sich aus den unterschiedlichsten Menschen zusammensetzte:

Sie waren adliger Abstammung wie Libertas Schulze-Boysen, deren Großvater mit Kaiser Wilhelm befreundet war. Oder sie gehörten dem Militär an wie ihr Mann Harro, der als Attaché im Reichsluftfahrtministerium arbeitete. Zu den führenden Köpfen gehörten Intellektuelle wie Arvid und Mildred Harnack. Aber auch Handwerker, Angestellte und Arbeiter stießen zur »Roten Kapelle«.

Und es gehörte ein auffallend großer Teil von Künstlern zu den Mitgliedern und Sympathisanten dieser Organisation: der Bildhauer Kurt Schumacher etwa, die Tänzerin Oda Schottmüller, der Pianist Helmut Roloff und Jan und Cato Bontjes van Beek. Auch die politische Ausrichtung war nicht unbedingt homogen. Obwohl sicherlich alle »links« dachten, waren bei weitem nicht alle Mitarbeiter der »Roten Kapelle« Kommunisten.

Das gilt auch für Cato, die während ihrer Haftzeit in einem Brief an den jungen Mitgefangenen Rainer Küchenmeister schrieb:

»Ich bin ja gar keine Kommunistin.«

Und: »Es war mir auch nie zuvor klar, wie ich Deutschland liebe. Ich bin kein politischer Mensch, ich will nur eins sein, und das ist ein MENSCH.«

Diese Einstellung war es, die sie bei allen ihren weiteren Aktionen antrieb und bewegte.

Die »Rote Kapelle« wurde 1938 von Leopold Trepper als

sowjetische Spionageorganisation aufgebaut. Unter den Fahndungsnamen »Rote Kapelle« fielen für die Gestapo auch viele der Widerstandsgruppen, die sich in Deutschland gegen das Naziregime und für den Frieden einsetzten. Diese Tatsache führt bis heute zu Unsicherheiten in der Bewertung der Widerstandstätigkeit.

So gab es über die »Rote Kapelle« zwei Geschichtsschreibungen – eine östliche und eine westliche. Wurde in Westdeutschland eher die Agententätigkeit eines Leopold Trepper herausgestellt, liebäugelte die ostdeutsche Geschichtsschreibung mit dem Wunschbild einer straffen kommunistischen Widerstandsorganisation.

Die neueste Forschung dagegen macht deutlich, daß die Zusammenhänge wesentlich komplexer waren und daß es in erster Linie der Wunsch nach Frieden war, der die Menschen zu ihrer Mitarbeit im Widerstand motivierte.

Dazu die Berliner Historikerin Regina Griebel, die seit Jahren über die »Rote Kapelle« arbeitet:

»Die Tatsache, daß Schulze-Boysen, Harnack und andere keine Scheu vor Auslandskontakten hatten und gleichzeitig Aufklärungsarbeit nach innen leisteten, beweist nur, daß Widerstand für sie unteilbar war angesichts von Völkermord an allen Fronten. Ein professionell geschulter ›Agent‹ wie Trepper, der alle konspirativen Spielregeln beherrschte, hielt dies rückblickend für ein tragisches, unvertretbares Doppelrisiko und meinte aus seiner Sicht natürlich, man hätte die Flugblattarbeit unterlassen sollen. Die Berliner handelten aber nicht nach solchen kühl abwägenden Spielregeln, sondern eher mit heißem Herzen und einem rigorosen Veränderungswillen.

Diese Risikobereitschaft mag man angesichts der vielen Hinrichtungen beklagen oder angesichts der deutschen Jahrhundertschande bewundern.«

Diese inneren Widerstand leistende Untergrundgruppe, deren wesentliches Zentrum sich in Berlin befand, wurde von Harro Schulze-Boysen und Arvid Harnack geleitet – deshalb wurde sie auch häufig als »Harnack/Schulze-Boy-

sen-Gruppe« bezeichnet. Beide hatten schon Jahre vorher –
unabhängig voneinander und unabhängig von der »Roten
Kapelle« – oppositionelle Gesprächskreise gegründet und
Gleichgesinnte um sich gesammelt. Etwa zwei- bis drei-
hundert Menschen gehörten schließlich der Widerstandsgruppe um Arvid Harnack und Harro Schulze-Boysen an.

Die Ärztin Dr. Elfriede Paul, Mitarbeiterin der »Roten Kapelle« und nach dem Krieg als Abgeordnete der Kommunisten Ministerin in der Hannoverschen Landesregierung,
schrieb rückblickend in einem Zeitungsartikel:

»Viele Widerstandsgruppen hat es gegeben. Das erkennen wir erst jetzt rückschauend. Damals durften und konnten die einzelnen Gruppen keine Verbindung miteinander
haben. Zu groß war die Gefahr. Und so existierten Hunderte
von Gruppen, die sich nicht kannten und doch das gemeinsame Ziel der Unterhöhlung des Nazi-Regimes verfolgten.
Sie umfaßten Tausende von unerschrockenen Antifaschi-
sten. Und überall waren Frauen die anerkannten und eben-
bürtigen Mitkämpferinnen des Mannes: ob es Arbeiter-,
Studenten-, Künstler- oder Intellektuellen-Gruppen waren.

Ich gehörte in eine politische Widerstandsgruppe, die von
der Gestapo als ›Rote Kapelle‹ bezeichnet und 1942/43 vor
dem Reichskriegsgericht Berlin verhandelt wurde. In dieser
Gruppe waren auffallend viele Frauen.«

Catos Kontakt zur »Roten Kapelle« entstand über Libertas, die attraktive und charismatische Frau von Harro
Schulze-Boysen.

Catos Schwester Mietje erinnert sich an diese erste Begegnung:

»Eines Tages kam Libertas Schulze-Boysen ins Haus. Es
war Sonntag. Cato und ich saßen in unserem Zimmer, und
obgleich Libertas uns völlig fremd war, begrüßte sie uns
auffallend herzlich und unterhielt sich gleich angeregt mit
Cato. Und da Cato gut Englisch sprach, lud Libertas meine
Schwester zum Besuch von englischen Filmen ein, über die
sie Beurteilungen zu schreiben hatte.«

Libertas Schulze-Boysen, 1913 in Paris geboren, sympathisierte zunächst mit der nationalsozialistischen Bewegung. Später jedoch schloß sie sich dem oppositionellen Freundeskreis ihres Mannes Harro an. Seit Ende 1941 war sie in der Deutschen Kulturfilmzentrale beim Reichspropagandaministerium tätig. Hier wurde sie auch mit Filmmaterial über die Naziverbrechen im Osten, z. B. in Rußland, konfrontiert. Sie begann, illegal Bilddokumente dieser Verbrechen zu sammeln, und unterstützte ihren Mann Harro im Widerstand, vor allem bei der Suche nach neuen Verbindungen und Gleichgesinnten.

Der Schriftsteller Alexander Spoerl berichtet nach dem Krieg über ihre Tätigkeit:

»Im Juli 1942 erhielt ich von Libertas meine ersten Aufgaben! Von der Ostfront kamen Leicafilme von Greueltaten der SS, die ich als gut ausgerüsteter Amateurfotograf entwickelte und vergrößerte. Es paßte auch ganz zu der Entschlossenheit Libertas', daß sie in der Kulturfilmzentrale die Dunkelkammer ausbaute, sogar auf Kosten der Kulturfilmzentrale einen Kopierapparat anschaffen ließ, mit dessen Hilfe Zeitungsausschnitte, Berichte und Flugblätter vervielfältigt wurden.«

Libertas Schulze-Boysen war eine Frau voller innerer Widersprüche. Nach dem Krieg schrieb der Schriftsteller Günther Weißenborn über sie:

»Sie war mit einem Mann verheiratet, den sie liebte, und sie arbeitete mit ihm und schrieb illegale Texte, gefährliche Aufrufe und Botschaften.

Sie wollte leben.

Sie wollte nicht mehr illegal arbeiten, aber sie konnte Harro nicht im Stich lassen. Sie hat fünf Jahre lang treulich für ihn gearbeitet, und auf jede einzelne dieser Arbeiten stand der Tod.

Nach fünf Jahren konnte sie diese Angst nicht mehr aushalten. Sie wollte leben, einfach leben. Sie wollte Liebe und Frieden. Und dann kam der Krieg. Sie arbeitete getreulich weiter, Angst im Herzen, Hoffnung und Verzweiflung im

Herzen. Und dann kamen die Verhaftungen, und die Gestapo holte sie aus dem Schnellzug.

In ihrer Zelle befand sich eine fremde Frau, eine Spitzelin der Gestapo.

Libertas war erregt. Sie suchte Verständnis. Sie erzählte. Sie hatte viel zu erzählen.

In ihrem letzten heimlichen Brief, den sie am Tage ihrer Hinrichtung, kurz vor Weihnachten, am 22. Dezember 1942, schrieb, berichtet sie:

›Ich hatte noch den bitteren Kelch zu trinken, daß ein Mensch, dem ich mein volles Vertrauen geschenkt hatte, Gertrud B., mich (und Dich) verraten hat, aber ... ›und iß die Früchte deiner Taten, denn wer verrät, wird selbst verraten ...‹ Auch ich habe aus Egoismus Freunde verraten, ich wollte freiwerden und zu Dir kommen. – Aber glaube mir, ich hätte an dieser Schuld unsagbar schwer getragen. Jetzt haben mir alle verziehen, und in einer Gemeinsamkeit, die nur angesichts des Todes möglich ist, gehen wir dem Ende entgegen ...‹«

Am 22. Dezember 1942 wurde Libertas Schulze-Boysen gemeinsam mit ihrem Mann Harro sowie neun weiteren Mitgliedern der »Roten Kapelle« in Berlin-Plötzensee hingerichtet.

Sie war es, die Cato in den Kreis um Harro Schulze-Boysen einführte. Dazu wieder Mietje Bontjes van Beek:

»Libertas kam nun oft. Mit großer Zuneigung hing sie an Cato und führte sie einmal hier-, einmal dorthin. Auf diese Weise lernte sie Harro Schulze-Boysen kennen. Nach abendlichen Gesellschaften in dessen Wohnung berichtete sie mir über die politischen Bestrebungen, die sie sehr bewunderte. Über den Umfang der Tätigkeit wurde ich nicht unterrichtet. Heute weiß ich aber, daß auch Cato über das Nähere jener Organisation nicht informiert war.«

Cato sprach zwar über die politischen Bestrebungen der Widerstandsgruppe. Über deren Aktionen jedoch bewahrte sie Stillschweigen. Dazu ihr Bruder Tim:

»Sie hat ganz bewußt nur angedeutet, daß sie etwas

macht, worüber sie nicht reden mochte, um niemanden zu gefährden.«

Die Schwester Mietje hatte nicht den Wunsch, an den Aktionen der »Roten Kapelle« teilzunehmen:

»Der Grund, warum ich nicht auch mit in diese politische Tätigkeit hineingezogen wurde, war einmal, daß ich zu sehr mit meinen eigenen Interessen beschäftigt war, und zum anderen, daß mir einige Personen aus dem Kreis Schulze-Boysen, die oft in unsere Wohnung kamen, nicht sympathisch waren.«

Mietje kümmerte sich statt dessen weiterhin um die französischen Kriegsgefangenen.

Catos Freunden und Verwandten blieb es nicht verborgen, daß sie ihre Aufgabe im Widerstand gefunden hatte. So berichtet Jahre später ihre Cousine Marianne von Randow, geb. Schultze-Ritter:

»Als sie mir nun eines Tages erzählte, daß sie Gelegenheit hatte, nun wirklich aktiv mitzuarbeiten, dieser Regierung Widerstand zu leisten, da freute ich mich teils, teils ängstigte ich mich um sie. Sie erzählte mir nichts Näheres, auch fragte ich sie nichts, denn ich kannte ihr Schweigen, wenn es notwendig war. Es war mir aber klar, daß sie eines Tages bei ihrer Selbständigkeit des Denkens und Fühlens, bei ihrem Gerechtigkeitssinn und bei ihrer Fähigkeit zum Mitleiden notwendigerweise zum aktiven Widerstand kommen mußte; eine ganz bewußte Überzeugung trieb sie dazu. Deshalb versuchte ich auch gar nicht erst, ihr dies auszureden, oder ihr die möglicherweise schrecklichen Folgen vor Augen zu halten – sie wußte dies alles, denn sie war klug, und dies war ihr konsequenter Weg, den sie zu gehen hatte.«

Und Mariannes Vater, Hans Schultze-Ritter, der mit Catos Tante Jossi verheiratet war, ergänzt:

»Bei ihren Besuchen in unserem Haus brachte sie immer mehr das Gespräch auf politische Dinge. Sie gab uns auch einige Flugzettel zu lesen, die sämtlich darauf angelegt waren, die offizielle Optimismus-Propaganda zu untergraben und auf die Gefahr hinzuweisen, die Deutschland drohte. Ich hatte schließlich, ebenso wie meine Frau, den Eindruck, daß sie selbst an der Herstellung dieser Flugblätter beteiligt sei. Als wir sie vor der großen Gefahr, in die sie sich begab, warnten, antwortete sie:

›Ihr Alten tut ja nichts. Ihr redet nur, dann *müssen* wir Jungen es eben tun!‹

Es war klar, daß sie sich praktisch betätigte (...) bei bewußter Erkenntnis der Gefahr aus reinem Idealismus. Wir hatten daher auch große Befürchtungen für sie. Sie fanden ihre Bestätigung, als wir von ihrer Verhaftung erfuhren.«

Nach dem deutschen Überfall auf die Sowjetunion im Juni 1941 verstärkte die Harnack/Schulze-Boysen-Organisation ihre Arbeit gegen das nationalsozialistische Regime. Ihr Ziel war es, den Zusammenbruch des Dritten Reiches zu beschleunigen und auf diese Weise Deutschland vom Nationalsozialismus zu befreien.

Zu keiner Zeit verstanden sie sich als Spione für die Sowjetunion, sondern sie waren vielmehr bestrebt, die Eigenstaatlichkeit Deutschlands zu erhalten und den Krieg so schnell wie möglich zu beenden.

Dies geht auch aus einem umfangreichen Flugblatt hervor, das im Winter 1941/42 verteilt wurde und den Titel trug: »Die Sorge um Deutschlands Zukunft geht durch das Volk!« Über dieses Flugblatt, dessen Inhalt im wesentlichen von Harro Schulze-Boysen gestaltet worden war, heißt es im Urteil des Reichskriegsgerichts gegen ihn:

»Als schärfstes und übelstes Machwerk des Angeklagten ist hierbei das von ihm abgefaßte Flugblatt ›Die Sorge um Deutschlands Zukunft geht durch das Volk!‹ zu bezeichnen. In dieser Form wird in heftigster und niedrigster Weise gegen die deutsche Regierung gehetzt, der Krieg als verloren, die Zukunft als verzweifelt bezeichnet und zum Widerstand gegen Anordnungen der Staatsregierung und zum offenen Widerstand aufgefordert.«

Einige Zitate aus den sechs mit der Schreibmaschine eng beschriebenen Seiten des Flugblatts:

»(...) Vergeblich bemüht sich Minister Goebbels, uns immer neuen Sand in die Augen zu streuen. Die Tatsachen sprechen eine harte, warnende Sprache. Niemand kann mehr leugnen, daß sich unsere Lage von Monat zu Monat verschlechtert. Niemand kann noch länger die Augen verschließen vor der Ungeheuerlichkeit des Geschehens, vor der uns alle bedrohenden Katastrophe der nationalsozialistischen Politik.

(...)

Das Gewissen aller wahren Patrioten (...) bäumt sich auf gegen die ganze derzeitige Form deutscher Machtausübung in Europa. Alle, die sich den Sinn für echte Werte bewahrten, sehen schaudernd, wie der deutsche Name im Zeichen des Hakenkreuzes immer mehr in Verruf gerät. In allen Ländern werden heute täglich Hunderte, oft Tausende von Menschen standrechtlich und willkürlich erschossen oder gehenkt, Menschen, denen man nichts anderes vorzuwerfen hat als daß sie ihrem Land die Treue halten.

(...)

Im Namen des Reiches werden die scheußlichsten Quälereien und Grausamkeiten an Zivilpersonen und Gefangenen begangen. Noch nie in der Geschichte ist ein Mann so gehaßt worden wie Adolf Hitler. Der Haß der gequälten Menschheit belastet das ganze deutsche Volk!

(...)

Was kann der einzelne tun, um seinen Willen zur Geltung zu bringen? Jeder muß Sorge tragen, daß er – wo immer er kann – das Gegenteil von dem tut, was der heutige Staat von ihm fordert.

(...)

Die Wahrheit über die wirkliche Lage mußte ins Volk dringen. Laßt darum keine Gelegenheit vorübergehen, der Propaganda entgegenzutreten. Lest alte Führerreden! Erinnert Euch Eurer alten Zeitungen und vergleicht die Versprechungen, die man vor einem Jahr dem Volke machte, mit den harten Tatsachen der Gegenwart. Gebt die Briefe von der Ostfront weiter; sie strafen die verlogenen Darstellungen der Nazipropaganda Lügen, wie der Krieg wirklich aussieht! Schreibt Euren Soldaten ins Feld, was sich in der Heimat tut!

(...)

Protestiert immer lauter, wenn Ihr an allen Ecken und Enden Schlange stehen müßt! Hört auf damit, Euch alles gefallen und bieten zu lassen. Laßt Euch nicht länger einschüchtern! (...)«

Ganze sechs Wochen lang arbeitete Cato für die »Rote Kapelle«. Dann trennte sie sich von der Widerstandsgruppe. Ein wesentlicher Grund für Catos Ausscheiden lag in dem autoritären Verhalten Harro Schulze-Boysens. Dazu Mietje Bontjes van Beek:

»Harro bestimmte, was in einem Flugblatt zu schreiben war. Die Trennung vollzog sich mit Krach, Cato warf ihm ein Konzept, das sie schreiben sollte, auf den Tisch.«

Aber das Verlassen der Gruppe bedeutete für Cato nicht das Ende ihrer Tätigkeit im Widerstand. Es ist wahrscheinlich, wenn auch nicht belegt, daß sie gemeinsam mit dem Schicksalsgefährten Heinz Strelow nun auf eigene Faust weiterarbeitete. Bestraft wurden sie dennoch in erster Linie für ihre Arbeit in der »Roten Kapelle«. Dazu Cato in einem Brief an ihre Mutter vom 2. März 1943:

»Wer nur einen kleinen Finger für Harro Schulze-Boysen gerührt hat, muß das mit dem Leben bezahlen. Daß Heinz und ich unsere Arbeit abgebrochen hatten und mit Krach uns von Sch.-B. losgesagt hatten, spielt gar keine Rolle.

Traurig ist es nur, daß ich gar nicht weiß, wofür ich sterben soll. Zehn, ja selbst fünf Jahre Zuchthaus wären sinnlos gewesen im Vergleich zur Tat. Aber durch diese Strafe bekommt es irgendeine Verklärung, und damit tröste ich mich.«

Heinz Strelow

Wer war dieser Heinz Strelow, der nicht nur in Catos Privat-
leben eine Rolle spielte, sondern mit dem gemeinsam sie
auch ihr Leben aufs Spiel setzte, indem sie ihre Mitmen-
schen zum Widerstand gegen den braunen Terror aufrief?

Geboren wurde Heinz Strelow am 15.7.1915 in Hamburg. Er besuchte dort die Lichtwarkschule, in der besonderer Wert auf die künstlerische Erziehung gelegt wurde. Mit
17 Jahren wurde er Mitglied des Kommunistischen Jugend-
verbandes und beteiligte sich am Widerstand gegen den
Nationalsozialismus. Im Herbst 1935 verbrachte er einige
Wochen in »Schutzhaft«, ohne daß es vorher einen Prozeß
gegeben hätte.

1939 wurde Heinz Strelow eingezogen. Da seine Mutter
Kriegerwitwe war, wurde er als einziger Sohn vom Fronteinsatz zurückgestellt. 1940 heiratete er Lieselotte Rüggen,
ein einfaches Mädchen. 1941 wurde er nach Berlin versetzt
– zur Heeresabnahmestelle für das Beschußwesen. Dort
verkehrte er im Hause der Familie Bontjes van Beek, die mit
seinen Bremer Verwandten befreundet war.

Fast hätten Cato und Heinz Strelow sich schon als Kinder
kennengelernt – eben weil Heinz verwandt war mit der Bremer Familie Dannat, die wiederum zu dem kommunistischen Kreis gehörte, mit dem auch die Familie Bontjes van
Beek befreundet war. Mit diesen Verwandten machte Heinz
zweimal Besuche in Fischerhude – zu der Zeit war Cato allerdings in Holland.

Heinz Strelow, der auch in Berlin aktiv im Widerstand
mitarbeiten wollte, wurde von Cato in den Kreis um Harro
Schulze-Boysen eingeführt. Er war ein sehr empfindsamer
Mensch – das geht aus den Äußerungen seines späteren
Mitgefangenen Heinrich Scheel hervor:

»Der Strelow war ein ganz Sensibler. Wir haben viel über

seine lyrischen Versuche gesprochen, über Literatur überhaupt. Er hat mir aus seinem Leben erzählt, von seiner
Sehnsucht, die Welt aus nächster Nähe zu erfahren, von seiner Tramptour bis nach Spanien, von seiner Zeit in Worpswede, wo er die Häuser der Bauern gestrichen hatte, um
sich sein Brot zu verdienen. 1934 hatte er übrigens schon
mal in Fuhlsbüttel gesessen und solche Quälereien wie den
›Sitzsarg‹ erlebt. Er hat mir auch von seiner mißglückten
Ehe berichtet und von seiner Freundschaft mit Cato Bontjes
van Beek. Er hat versucht, ein Gedicht zu schreiben, und
war geradezu verzweifelt, weil es ihm in der Gefängnisat-
mosphäre nicht gelang, dann hat er es zerrissen. Besonders
sensibel reagierte er auf den Anblick dieser Gefangenen,
die da in Häftlingskleidung mit zu kurzen Hosen und Holzpantinen und mit diesen blöden Speckdeckeln auf dem
Kopf im Kreis liefen. Das würde er nicht durchhalten, sagte
er, in diesem Haufen womöglich jahrelang marschieren zu
müssen. Wenn er wüßte, daß er fünf Jahre bekäme, würde
er Selbstmord machen.

Fünf Jahre waren für ihn eine unerträgliche Vorstellung.
An Todesstrafe hat er gar nicht gedacht. Da war er völlig
entgeistert. Vorher hat er noch versucht, dem Karl Behrens,
der die ganze Zeit mit dem Todesurteil rechnen mußte, über
Depressionen hinwegzuhelfen, hat nachts auf dem Fußboden gelegen. Mund oder Ohr am Heizungsschlitz zu Karl
Behrens, immer solidarisch. Und dann traf es ihn selber.«

Sicherlich war es keine unkomplizierte Verbindung, die
da zwischen der lebensvollen Cato und dem eher zarten
Heinz Strelow entstand. Das lag daran, daß er verheiratet
war und Cato sich innerlich noch immer tief ihrem englischen Freund John Hall verbunden fühlte.

Catos Freundin Annita Oldnall-Otterstedt erinnert sich
an ein Zusammentreffen mit Cato, das auch ihre letzte Begegnung sein sollte:

»Im Frühsommer 1942 habe ich Cato zuletzt gesehen. Ich
wollte Mietje in der Bredenau besuchen, da kam mir Cato
unverhofft entgegen. Sie war ganz überraschend gekom-

Cato im August 1942,
vier Wochen vor der Verhaftung,
in Schönberg (Bayerischer Wald).

men, an einem Wochenende, und wollte am Sonntag nachmittag wieder nach Berlin zurückfahren. Es gab während des Krieges keine Busverbindung zwischen Fischerhude und der Bahnstation Sagehorn, so entschied ich mich, Cato die 5 km zu begleiten und mit dem Fahrrad zurückzukommen. Da konnten wir uns für eine gute Stunde ungestört unterhalten. Cato war anders als sonst, viel stiller und viel ernster.«

Möglicherweise wollte Cato sich während der Tage in Fischerhude über ihre Beziehung zu Strelow klarwerden und auch dann, als sie im Spätsommer allein auf eine Wandertour durch den Bayerischen Wald ging. Vielleicht dachte sie auch darüber nach, wie es mit ihrer Widerstandstätigkeit weitergehen sollte.

Welche Entschlüsse sie auch immer gefaßt haben mag – sie sollte keinen davon mehr in die Tat umsetzen können. Denn kaum nach Berlin zurückgekehrt, wurde sie in den Morgenstunden des 20. 9. 1942 gemeinsam mit ihrem Vater Jan Bontjes van Beek verhaftet.

Jan wurde nach drei Monaten Untersuchungshaft entlassen und als Soldat an die Ostfront geschickt.

Das Urteil –
»Ich bin völlig frei von Groll«

Cato Bontjes van Beek und Heinz Strelow sahen sich erst wieder, als ihr Prozeß vor dem Reichskriegsgericht stattfand.

»Es war so schön, daß ich ihn nach so langer Zeit wiedersah«, schrieb Cato am 15. Februar 1943 an ihre Mutter.

Mit großen Hoffnungen ging sie in die Verhandlung. Konnten ein paar Flugschriften denn so ins Gewicht fallen? Ihrer Mutter hatte Cato beim ersten Besuch im Gestapo-Gebäude am Alexanderplatz zuflüstern können: »Zwei Jahre werden es wohl werden ...« Und: »Was hängt alles daran! Ach Mama, wofür ich hier bin, liegt ja schon so lange zurück! Ich war damit ja vollständig fertig.«

Am 29. Dezember 1942 schrieb sie:

»Mit Ungeduld erwarte ich den Prozeß. Im Januar wird es wohl soweit sein. Hat der Anwalt die Zulassung erlangt? Dann werde ich ihn wohl bald sprechen können, wenn es soweit ist.«

Bereits Anfang Dezember 1942 bemühte sich der Berliner Rechtsanwalt und Notar Dr. Ludwig Ketteler beim Reichskriegsgericht um die Zulassung als Catos Verteidiger. Er war der Familie Bontjes van Beek von Freunden empfohlen worden, wurde aber vom Gericht abgelehnt, weil er nicht Mitglied der NSDAP war.

Cato wurde darauf von einem der vier Pflichtverteidiger des Prozesses vertreten. Dieser erwies sich allerdings nach ihren eigenen Worten als »eine Null«. Zumindest gelang es Dr. Ketteler, die Verbindung zu ihm aufrechtzuerhalten und so die Familie laufend über den Stand der Dinge zu informieren.

Aber hätte selbst der beste Anwalt das Todesurteil gegen Cato verhindern können? Die nationalsozialistischen

Machthaber glaubten ihren Meinungsterror jetzt mit allen Mitteln durchsetzen zu müssen. Je deutlicher sich die militärischen Niederlagen abzeichneten, desto grausamer und unerbittlicher wurden die Verfahren gegen alle, die Widerstand leisteten.

Dr. August Ohm, der als Anstaltspfarrer Cato bis zu ihrer Hinrichtung betreute, schrieb in einer späteren Erklärung: »Ich erinnere mich genau, daß es sich bei ihr um den ersten Fall handelte, in welchem auch die Begünstigung eines hochverräterischen Unternehmens mit der Todesstrafe belegt wurde.«

Nach dreitägiger Prozeßdauer wurde am 18. Januar über Cato Bontjes van Beek und ihre Mitangeklagten das Urteil gesprochen.

Am 21. Januar schrieb sie an ihre Mutter:

»Meine liebe, allerliebste Mama,

ich kann es immer noch nicht begreifen, daß dies ein Abschiedsbrief sein soll – Abschied von Dir, von Euch Lieben, vom Leben.

Meine liebe, liebe Mama, wie kann ich Dir nur sagen, daß ich so ruhig bin wie selten zuvor? In mir ist nur Liebe zu Euch und zu allen übrigen Menschen. Ich bin völlig frei von Groll oder gar Haß – es ist so, als hätte alles ein mildes Gesicht. Ich bin ja doch immer bei Euch und in Euch. Trotz des Unheils, das diese drei Tage uns gebracht haben, waren sie auch wunderschön. Ich weiß nun, daß der Mensch gut ist, ganz genau, und das macht mir das Sterben auch leichter. (...) Ich habe noch in der Nacht vom 18.–19. Januar ein Gnadengesuch geschrieben. Wie sehr ich die Menschen und das Leben liebe und es das Schönste für mich sei, immer hilfsbereit für andere da zu sein, dies habe ich geschrieben und auch in meinem Schlußwort vor Gericht gesagt. (...)

Ich bin mir heute keiner großen Schuld bewußt, und es ist

in mir eine große Frage: warum dies alles sein muß. Auch hier im Gefängnis waren alle Menschen voller Liebe zu mir.

›Suche Dich damit auszusöhnen‹, das schrieb und sagte mir Heinz zuletzt. Glaube mir, meine liebste Mama, ich kann es – wirklich. Es ist alles nur so unverständlich, aber ich habe keinen Groll, sondern liebe die Menschen bis zuletzt, alle, alle.

(…) Ach, fühlten doch alle diejenigen, denen es genauso geht wie mir, genauso wie ich, ich wünschte es ihnen.

Auf Wiedersehen, meine liebe, liebe Mama, und grüße alle und alles von mir.

Immer Deine Dodo«

In diesem ersten Brief nach ihrer Verurteilung äußerte Cato sich nicht über den Prozeßverlauf. Lag es daran, daß sie diesen Brief schon als einen Abschiedsbrief ansehen mußte? Viele Todesurteile wurden ja sehr schnell vollstreckt in jener Zeit. Aber natürlich war es ihr auch von der Justizbehörde untersagt, sich dazu zu äußern. In einem Kassiber vom 9. Februar 1943 an ihre Mutter berichtet Cato über Einzelheiten des Prozeßverlaufs:

»Der Prozeß war sehr aufregend. Mein Anwalt sagte mir vorher, es sei alles gewonnen für mich, wenn das Urteil auf ›Beihilfe‹ zur Vorbereitung zum Hochverrat‹ lautet und nicht ›Täterschaft‹. Dann würde ich nur eine Zuchthausstrafe bekommen. Das Urteil lautet auf ›Beihilfe‹, trotzdem ist die Todesstrafe verkündet worden. Im Dezember 42 ist das Gesetz herausgekommen, daß ›Beihilfe‹ auch so bestraft wird, und es wurde rückwirkend angewandt. Von neun Angeklagten haben sieben dieses Urteil bekommen in meinem Prozeß. Alles ganz junge Menschen, 19 Jahre, 21, 22 usw. Auch Heinz hat dasselbe Urteil, bei ihm wurde es als Täterschaft angesehen und dann auch als Kriegsverrat. Jetzt sind im ganzen 37 Todesurteile von 50 Angeklagten ausgesprochen, und es geht immer weiter. Es ist wie ein Taumel oder Rausch.«

Trotz der Ungeheuerlichkeiten, über die Cato berichtete und die auch sie selbst betrafen – so handelte es sich bei dem, was sie für ein Gesetz hielt, um einen reinen Willkürakt –, erschien sie gefaßt. Wollte sie die Mutter schonen, indem sie sich hoffnungsvoll gab? »Der Gedanke an Euren Schmerz, das ist das Schrecklichste. Eigentlich habe ich ja immer Glück im Leben, warum soll ich es diesmal nicht haben? Ach, meine liebste Mama, ich hoffe es ja so sehr, daß auch Du so fühlst wie ich. Es wäre eine sehr große Beruhigung für mich.«

Oder erschien es ihr selbst unfaßbar, daß sie – ein junges Mädchen, dessen Leben eigentlich erst beginnen soll – sterben würde?

»Alles ist so unwirklich, daß ich immer weiter hoffen werde – es kann einfach gar nicht sein.«

Trotzdem hatte sie sich – unmittelbar nach dem Urteil – schon mit dem Tod abgefunden. So schrieb sie am 2. März 1943 an ihre Mutter:

»Hätte man mich in den ersten Tagen geholt, wäre ich willig gegangen, aber nun ist der große Lebenswille mit Macht wieder in mir ausgebrochen, und fast kann ich es mir nicht mehr vorstellen, daß es morgen, übermorgen oder in ein paar Wochen doch aus sein soll. Jetzt sind meine Gedanken so viel hier auf dem Boden, und mit Spannung verfolgen wir das Geschehen in der Welt, und alles ist von einer großen Hoffnung beseelt. Vielleicht haben wir alle Glück! Sei es nun durch Gnadengesuche oder sonstige Anlässe.«

Ein Gnadengesuch an Adolf Hitler hatte Cato gleich in der Nacht nach der Urteilsverkündung gestellt.

»Ob es Erfolg hat?« fragt sie ihre Mutter in ihrem Brief vom 9. Februar 1943, und fährt fort: »Ach Mama, ich bin ja so voller Hoffnung. Wenn Du mich sehen würdest, hättest Du nicht den Eindruck, als sei ich eine zum Tode Verurteilte. Ich denke so selten nur daran, meine Gedanken sind absolut in der Zukunft, und ich glaube auch ganz fest, daß all das nicht eintreffen wird.«

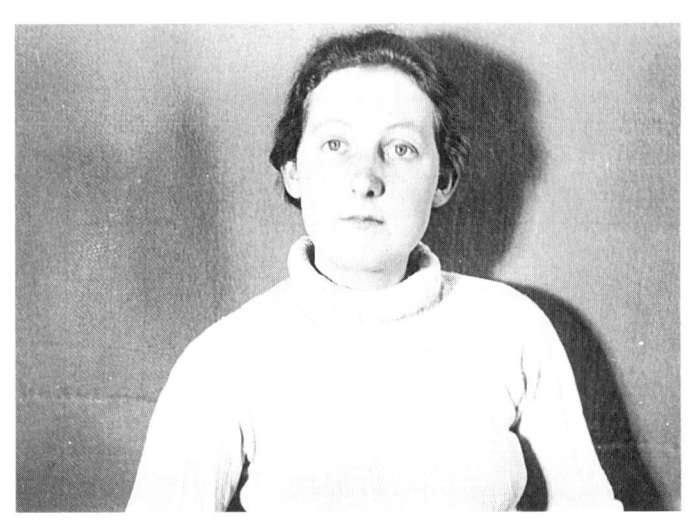

Cato im Oktober 1941 in Berlin.

Trotzdem bat sie die Mutter, neben ihrem eigenen Gnadengesuch auch »von draußen« etwas zu unternehmen.

Aber bereits vor dieser Bitte Catos bemühten sich viele Menschen darum, ihr Leben zu retten. Und das, obwohl sie selbst Gefahr liefen, in die Mühlen der Nazi-Justiz zu geraten, indem sie sich für die Verurteilte einsetzten.

Sie taten es trotzdem – beispielsweise die Leiterin der Berliner Frauensegelfluggruppe, die Diplom-Ingenieurin Karin Mohr, die am 18. Januar 1943 – also am Tage der Urteilsverkündung – gemeinsam mit einigen Kameradinnen folgende Erklärung abfaßte:

»Frauensegelfluggruppe Berlin   18. 1. 1943
Berlin-Wilmersdorf
Rudolstädter Str. 97

Wir haben erfahren, daß unsere Flugkameradin Cato Bontjes van Beek vor einer Verurteilung steht.

Da uns die ihr zur Last gelegten Gründe und Tatsachen nicht bekannt sind, wir uns jedoch von ihrer bisher untadeligen Haltung als Kameradin und ihrer oft bewiesenen charakterlichen Zuverlässigkeit in langjährigem Zusammensein innerhalb der Gruppe wie auch privat überzeugen konnten, haben die Unterzeichneten namens der gesamten Frauensegelfluggruppe Berlin beschlossen, ihrem Wunsche, Cato in irgendeiner Form zu helfen, Ausdruck zu geben.

Wir kennen Cato Bontjes van Beek bereits seit ihrem Eintritt in unsere Gruppe im Jahre 1937. Wir hatten oft Gelegenheit, gerade sie die Ideale des Flugerlebens mit einer Heftigkeit vertreten zu sehen, die uns der Annahme geneigt macht, daß sie sich gleichfalls auf anderen Gebieten mit einer Kraft einsetzt, die sie den Überblick verlieren läßt. Keineswegs jedoch glauben wir, daß es bei ihrem ausgeprägten Sinn für Gerechtigkeit und Vernunft möglich wäre, bei einer verurteilungswürdigen Sache auf die Dauer zu beharren.

Wir bitten das Gericht zu berücksichtigen, daß Cato die begangenen Fehler in jugendlichem Eifer und Unüberlegtheit gemacht hat, die aber keineswegs die Möglichkeit eines Gutmachens ausschließen.«

Auch die Vorsteherin des Frauengefängnisses, in dem Cato einsaß, verwandte sich für sie – ein Vorgang, der in der Geschichte dieses Gefängnisses noch nicht vorgekommen war.

Am 10. Mai 1943 trat auch der Kirchenvorstand der evangelisch-lutherischen Kirchengemeinde Fischerhude unter Pastor Tidow für Cato ein:

»Nachdem wir heute fernmündlich davon benachrichtigt wurden, daß Fräulein Cato Bontjes van Beek rechtskräftig zum Tode verurteilt worden ist, richten wir ein Gnadengesuch für die Verurteilte an das zuständige Kriegsgericht.

Die Verurteilte ist Mitglied der hiesigen Kirchengemeinde. Was zu ihrer Verurteilung geführt hat, ist uns nicht bekannt. Es liegt uns völlig fern, dazu Stellung zu nehmen. Aber es ist uns ein Bedürfnis, für die Verurteilte namens der Kirchengemeinde mit der Bitte um Begnadigung einzutreten.

Zur Begründung führen wir an:

Cato Bontjes van Beek ist in unserer kleinen Gemeinde, in der man einander wohl kennt, bisher als unbescholtener, charakterlich wertvoller, aufrechter Mensch bekannt gewesen. Zumal der unterzeichnete Vorsitzende des Kirchenvorstandes, der ihr Seelsorger war und sie auch konfirmiert hat, kann ihr aus näherer Kenntnis ihres Wesens dieses gute Zeugnis ausstellen. Wir möchten annehmen, daß sie in ihrer harmlosen, kindlichen Art, die ihr, solange wir sie kennen, eigen war, das Opfer schlechter Einflüsse wurde. Ihr Schicksal bewegt uns aufs tiefste, und wir glauben, daß durch ihre Begnadigung ein Menschenleben erhalten würde, das sich – zumal nach der empfangenen harten Lehre – ganz in die Volksgemeinschaft einfügen und positiv am Aufbau mitarbeiten würde. Wir bitten darum, unserer Bitte Rechnung zu tragen und Cato Bontjes van Beek zu begnadigen.

Der Kirchenvorstand
der evang.-luth. Kirchengemeinde
Fischerhude

(gez.) G. Tidow, Vorsitzender
H. Kahrs
Wilh. Cordes
Hermann Warnken
Claus Hinr. Wilkens
Louis Müller
D. Winkelmann«

Die Familie Bontjes van Beek setzte sich auch mit Heinrich Peper, dem Stellvertretenden Gauleiter des Gaus Hannover-Ost in Verbindung. Der in der Partei-Hierarchie recht einflußreiche Mann sagte sofort seine Hilfe zu.

Wer war dieser Mann, der sich für eine junge Frau einsetzte, mit der jemand, der sich im Unrechtsstaat Hitlers nicht selbst in Gefahr bringen wollte, besser nichts zu tun haben sollte?

Heinrich Peper war einer der wichtigsten und wohlhabendsten Männer Fischerhudes. Mit seinem Vater zusammen betrieb er ein auf Mastenbau spezialisiertes Sägewerk. Er war einer der größten Arbeitgeber des Dorfes. Schon früh identifizierte er sich mit dem nationalsozialistischen Gedankengut. Er war Gründer und Ortsgruppenleiter der NSDAP in Fischerhude und wurde schließlich Stellvertretender Gauleiter und SS-Brigadeführer im Rang eines Generalmajors. Gegen Endes des Krieges wurde sein Name sogar als der eines künftigen Arbeitsministers gehandelt.

Auch nach dem Krieg – als sich Peper nach einigen Jahren des Untertauchens wieder in Fischerhude etabliert hatte – distanzierte er sich nicht von den Ideen des Nationalsozialismus. Was mochte ihn mitten im Krieg bewegen, sich trotzdem für Cato Bontjes van Beek einzusetzen?

Jahrzehnte später sagte Heinrich Peper in einem Rundfunk-interview:

»Cato Bontjes van Beek, ein sehr hübsches junges Mäd-chen, ging nach Berlin, und sie kam ja dann in diese Gesellschaft ›Rote Kapelle‹. Und soweit ich mich heute erin-nern kann, hat sie entsprechende Botengänge gemacht. Damals war ich in hoher politischer Situation. Und ich habe mich dann sofort für dieses Mädchen eingesetzt, und ich habe solange um sie gekämpft, und zwar so aggressiv um ihr Leben, daß es mir dann verboten wurde, mich da weiter drum zu kümmern.«

War es die gemeinsame Fischerhuder Herkunft, die ihn zum Handeln veranlaßte? Oder die offensichtliche Ungerechtig-keit des Urteils?

Auch die Fischerhuder Malerin Johanna Eißler, die in den 30er und 40er Jahren den Haushalt von Otto Modersohn und seinen Söhnen betreute, wandte sich an Heinrich Peper mit der Bitte um Intervention für Cato Bontjes van Beek. Aber da war Peper bereits von seinen Vorgesetzten nahege-legt worden, sich nicht weiter mit dieser Angelegenheit zu beschäftigen.

Zu Johanna Eißler sagte Heinrich Peper:

»Nun stellen wir uns mal vor, sie würde begnadigt – das hieße doch, daß sie ihr Lebtag im Gefängnis säße.« Und er fragte sie, »ob es dann nicht richtiger oder für sie humaner wäre, wenn sie jetzt durch ihren Tod von diesen Leiden des Gefängnisses – lebenslänglich – verschont würde oder es nicht mehr mitmachen müßte.«

Leben im Angesicht des Todes –
Der Gefängnisalltag

Heinrich Peper ahnte nicht, welche Entwicklung Cato in ihrer Gefängniszeit durchmachte. Und wie konnte er ermessen, was sie für ihre Mitgefangenen bedeutete?

»Nicht jede konnte sich so ungezwungen geben wie Cato Bontjes van Beek«, erinnert sich die Mitgefangene Greta Kuckhoff, deren Mann am gleichen Tag wie Cato hingerichtet wurde. »Cato, die zwei Zellen weiter lag, hatte immer zu tun. Die Betten wurden ausgeschüttelt, als wäre die Heideluft der Worpsweder Heimat am Alex.«

Greta Kuckhoff berichtet auch über Catos 22. Geburtstag, den sie am 14. November 1942 im Gefängnis am Alexanderplatz feierte:

»Ihr Geburtstag wurde ein Fest. Die Kollegen draußen hatten ihr einen Kuchen gebacken. Die Mutter hatte es verstanden, mit den Gaben ein Briefchen durchzuschmuggeln. Was an Essen an jenem Tag in ihre Zelle wanderte – du lieber Gott, sie mußte sich von überall her leere Schüsseln und Becher erbitten, und der Berg der trockenen Stullen wuchs erstaunlich. Die mürrischen Wärterinnen konnten ihrer Fröhlichkeit einfach nicht widerstehen.

Das eigentliche Fest begann am Abend, als die Büros im Quergebäude geschlossen waren und die zum Einschluß verpflichtete Beamtin mit ihrem Leuchtstab die gefürchtete Runde gemacht hatte. Da setzte erst ein Konzert ein, auf Kämmen und einer hineingeschmuggelten Mundharmonika. Dann sangen die polnischen Kameradinnen ihr ein etwas schwermütiges Lied, und schließlich pfiff es aus allen Gitterfenstern: Die Gedanken sind frei!

Eine lange Schnur von aneinandergeknüpften Strümpfen schob sich aus Catos Fenster, im untersten stand ein Becher mit Essen, er wurde geleert und die Schnur nach oben gezogen. Nein, nicht leer. Was fand sich nicht alles im armseligen Gepäck dieser Wanderer auf den Straßen zum Zuchthaus, auf der letzten Straße zum Tode: ein zierliches mit Hohlsäumen und vielen Stickereien versehenes Tuch, eine Zeitschrift, ein Blumenstrauß aus Seidenpapier, goldene Sterne, wie man sie in friedlichen Tagen zum Verschließen von Weihnachtspäckchen benutzte. Einmal kam der Strumpf zurück mit Zigaretten und Streichhölzern bestickt. Immer wieder tauchte der Becher hierhin und dorthin mit Suppe, mit Brot, tauchte schenkend in den Brunnen der Leidensfreundschaft, schöpfte tief aus der Liebe zwischen Menschen, die sich nicht kannten, nur ihr Schicksal. Was er nach oben brachte, wanderte weiter: hierhin eine angezündete Zigarette am losgelösten Fensterstab befestigt, damit man sie in der dritten Zelle rechts in Empfang nehmen konnte, dorthin eine Scheibe Kuchen, ein Praliné mit einer der Blumen.«

Greta Kuckhoff erinnert sich auch an Catos Hilfe für ihre Mitgefangenen:

»Sie stopfte Strümpfe für einige Männer eine Treppe tiefer, besonders für einen sechzehnjährigen, Rainer Küchenmeister, der sie ja nicht sehen konnte. Er experimentierte mit Spiegeln, um ihr Bild einzufangen. Es rührte mich sehr . . .«

Rainer Küchenmeister war mit seinem zur »Roten Kapelle« gehörigen Vater Walter Küchenmeister am 16. 9. 1942 verhaftet worden. Im Februar 1943 wurde er – ohne Prozeß – in das KZ Moringen (»Jugendschutzhaftlager«) eingewiesen und noch im Februar 1945 zum Fronteinsatz geschickt.

Kurz vorher – unmittelbar nach ihrer Verurteilung – schrieb Cato an ihn:

»Mein lieber Rainer!

Was bist Du doch für ein famoser lieber Junge. Dein Brief hat mich so glücklich gemacht, ich möchte ihn immer bei mir tragen. Sollte ich wirklich sterben, Rainer, sei nicht allzu traurig, vergiß mich nicht! Eine Bitte habe ich an Dich, sei

Du vernünftig und beginne nichts Falsches. Ich meine damit, Du sollst kein Märtyrer sein. Es hat keinen Sinn, Du
wirst so nötig gebraucht. Du hast so viele gute Eigenschaf-
ten, und es ist auch solch ein Reichtum an Liebe in Dir, das
ist das Höchste und Schönste, was der Mensch besitzt. Ich
liebe das Leben und die Menschen unendlich, und darum
gehe ich ohne einen Groll aus dem Leben oder gar Haß.

Denke an Deinen Vater, lieber Rainer, und begebe dich
nicht unnütz in Gefahr. Ich weiß nicht, warum ich sterben
muß, aber sicher hat alles einen Sinn. Du glaubst, ich mag
weinende Männer nicht? Ach Rainer, das macht gar nichts,
auch Heinz hat geweint, nur zuletzt haben wir uns immer
angelacht, weil wir zusammen so glücklich waren. Lebe Du
weiter, lieber Rainer, suche das Schöne in der Kunst und in
jedem Menschen, und lerne mit dem Herzen zu denken.
Der alte Gott schütze Dich!

Einen lieben Gruß von Deiner

Cato.«

Jahre später sagt Rainer Küchenmeister, der heute ein an-
erkannter Maler und Professor an einer Kunstakademie ist:
die Begegnung mit Cato habe ihm geholfen, erwachsen zu
werden.

Während sie den jungen Rainer Küchenmeister zu ermu-
tigen versuchte – ebenso wie ihre Angehörigen –, äußerte
Cato sich einem erwachsenen Leidensgefährten, dem Ar-
chitekten Helmut Niewerth gegenüber, unmittelbarer:

»21. Januar 1943

Lieber Helmut,

es ist schon ganz dunkel draußen, und ich schreibe bei
Kerzenlicht. Ich kann Dir keinen traurigen und auch keinen
fröhlichen Brief schreiben. Alles hat ein mildes Gesicht für
mich, und ich wünsche allen, denen es auch so ergehen
wird wie mir, daß sie auch so ruhig sind. ›Versuche Dich
damit auszusöhnen.‹ Das sagte und schrieb mir Heinz.
Glaub mir, Helmut, ich kann es – Heinz wird es auch können.

Ach, wenn doch alle Menschen sich lieben würden, so wie ich sie alle liebe. So werde ich auch ohne jeglichen Groll oder gar Haß sterben; es ist nur ein Nichtverstehen, daß es tatächlich sein soll, das mich berührt.

Lieber Helmut, lebe Du weiter. Genieße das schöne Leben und sei nicht traurig um mich.

Eine Bitte habe ich noch an Dich. Geh zu meiner Mutter. Erzähl ihr von mir, damit sie es wirklich weiß, daß jetzt alles nicht mehr schwer ist für mich, daß ich das Leben aber trotzdem liebe. Erzähl ihr auch, was Heinz und ich getan haben.

Der Gedanke an die Tränen meiner Mutter um mich ist so sehr schwer. Die Mutter von Heinz wird dies alles nicht überstehen. Er ist das einzige Kind und der Vater fiel im Weltkrieg, dem anderen.

Lieber Helmut, Du warst immer so gut. Vielleicht ist der Gedanke, daß ich sterben soll, noch nicht in mein Innerstes gedrungen? Ich weiß es nicht – ich hoffe doch noch auf ein Wunder. Leb wohl mein lieber Helmut. Wer weiß ...

Herzlichst Deine Cato.«

Ihr eigenes schweres Schicksal ließ Cato nicht das Leid ihrer Mitgefangenen vergessen. Zwei junge dänische Mädchen, die wegen Unstimmigkeiten bei ihren Aufenthaltspapieren festgenommen wurden und eine Nacht in Catos Zelle verbrachten, berichteten, daß Cato nicht nur sie tröstete:

»Plötzlich gegen Abend begann sie leise zu singen und tanzte dazu. Sie sagte: ›Dort unter mir sitzt ein armer Gefangener, er ist auch zum Tode verurteilt. Abends wird er immer so traurig, und es tröstet ihn, wenn er mich tanzen hört.‹«

Und auch an die Angehörigen ihrer Leidensgefährten dachte sie. So richtete sie am 9. Februar 1943 die folgende Bitte an ihre Mutter:

»Mama, meine Nachbarin Fräulein Marie Terwiel hat dasselbe Urteil. Ihre Mutter darf es nie erfahren, sie ist sehr alt, und es würde ihr das Leben rauben. Nun bitte ich Dich, rufe bei der Nummer 961065 an und verlange entweder Herrn Dr. Gert Terwiel oder Frl. Dr. Ursula Terwiel. Sag, Du hättest Grüße auszurichten, und triff Dich mit ihnen irgendwo und sag ihnen, daß ihre Schwester Marie auch zum Tode verurteilt ist.«

Immer wieder gingen Catos Gedanken aber vor allem auch zu ihrer eigenen Familie:

»Wo ist Tim und wo Mémé? Hätte ich doch nur öfter Nachricht von Euch. Auch Papa soll mir schreiben und Rali. Wie es in der Werkstatt geht, muß sie geschlossen werden? Wenn wir zum Kriegsgericht fahren, dann kommen wir immer an unserem Haus vorbei, und an Papas Geburtstag fuhr das Auto da gerade ein wenig langsamer, und da habe ich Vasen von uns im Laden nebenan sehen können. Ich war froh darüber wie ein kleines Kind.«

Besonders schwer war es für Cato, daß sie kaum Gelegenheit zu geistiger Beschäftigung hatte. Lese- und Schreiberlaubnis waren sehr begrenzt, und so war sie froh, daß sie viele Gedichte und Melodien auswendig wußte, auf die sie nun zurückgreifen konnte. Aber auch mit den erzwungenen Mußestunden wußte sie sich abzufinden. So schrieb sie am 17. Februar 1943 an Heinz Strelow:

»Ich sitze in meinem Bett mit einem dicken Buddha-Bauch voll Suppe. Wie ich mich an das Nichtstun gewöhnt habe – ich kann nun stundenlang liegen und nur die vorüberziehenden Wolken ansehen, ich denke dann: ›Ob Heinz sie wohl auch sieht?‹, und auch des Abends, wenn der ganze Himmel voller Sterne ist.«

Im März wurde für einige Zeit eine Polin in Catos Zelle einquartiert. Ihrer Mutter teilte sie mit:

»Ich bin nicht mehr allein in meiner Zelle, sondern habe eine 39jährige Warschauerin bei mir, mit dem schönen Namen Janina. Die lernt bei mir Deutsch, und ich erweitere meine polnischen Sprachkenntnisse. Die Zeit vergeht so sehr rasch, im Nu ist es Abend, und kaum habe ich mich herumgedreht, ist auch schon eine Woche herum. Ich bin aber doch viel lieber allein, der Raum ist zu knapp für zwei Personen.«

An Heinz Strelow schrieb sie über diese Situation:

»Ich lese immer wieder in dem ›Lesebuch für Baumeister‹, das Du mir genau vor einem Jahr schenktest. Fürst Pückler-Muskau beschreibt in einem seiner Briefe aus England (1828!) ein Gefängnis in Newcastle, das er besichtigte. Als er in die Abteilung für Todeskandidaten kam, sah er einen Mann auf dem Fensterbrett sitzen und eifrig Französische Grammatik lernen. So komme ich mir auch vor, wenn ich jetzt noch Polnisch lerne bei meiner Polin.«

Aber bald war Cato wieder allein in ihrer Zelle (das Schicksal ihrer polnischen Mitgefangenen liegt im dunkeln), und ihre Kommunikationsmöglichkeiten beschränkten sich auf – verbotene – Gespräche von Zelle zu Zelle, auf gesungene und gepfiffene Grüße und auf Unterhaltungen, die in der Zeichensprache geführt wurden. Ihre Mitgefangene Greta Kuckhoff erinnert sich:

»Es waren kräftige Hände, die locker und doch starksehnig an Mädchenarmen mit weichen Kurven saßen. Cato hielt sie durch das Gitter gestreckt und formte abwechselnd mit der rechten und linken Hand flinke Buchstaben in die Luft – so führte sie lange Unterhaltungen mit ihrem Gegenüber. Sie tat es mit der Sicherheit, die aus handwerklicher Übung kommt.«

Manchmal gelang es auch, durch eine ihr wohlgesinnte Wärterin mit der Wäsche einen Kassiber aus dem Gefängnis zu schmuggeln. In einem solchen berichtet Cato:

»Die Gräfin von Brockdorf hat dasselbe Urteil wie ich. Wir lagen erst ein paar Wochen nebeneinander, jetzt liegt sie auf der Nordseite, und wir pfeifen uns jeden Morgen ›Guten Morgen‹ zu. Ich bin heute sehr müde, denn gestern abend hatte ich noch ein sehr langes Gespräch über den Katholizismus mit Marie, die nebenan liegt, und dann wurde die Uhr ja auch eine Stunde vorgerückt in der Nacht. Es ist gut, wenn man sich unterhalten kann. Alles natürlich verboten, man darf sich nur nicht erwischen lassen.

Ein tolles Gefühl ist es, wenn Fliegeralarm ist und wir eingesperrt sind in der Zelle, und dann noch unser Urteil. Wenn hier eine Bombe fällt, was dann? Aber Angst habe ich nicht – ich werde bestimmt leben.

Ich hätte so gern ein Stück Keramik hier von Papa. Vielleicht schickt Ihr mir mit der Wäsche mal ein kleines Schälchen oder kleines Väschen. Ihr könnt montags auch immer eine Blume dazulegen, danach habe ich große Sehnsucht. Wenn es Salat gibt, esse ich die Blätter so, nur Grünes, denn seit einem halben Jahr esse ich nur Kartoffelsuppe. Meine Haut ist nun sehr rauh, der Frühling macht das wohl. Es ist so schade, daß wir niemals nach draußen kommen, und mit Grausen denke ich an den Sommer, denn sicher sitzen wir dann noch hier.

Hunger habe ich sehr großen, denn die Schnitten werden immer dünner, und ich esse dafür viel Kartoffeln und werde immer breiter. Alles das kümmert mich nicht viel.«

Am 30. März 1943 wurde Cato ins Gerichtsgefängnis Berlin-Charlottenburg verlegt. Gleich am nächsten Tag schrieb sie an ihre Mutter:

»Meine liebste Mama,

seit gestern abend bin ich noch mehr in Deiner Nähe. Es ist ein gutes Gefängnis, das Schönste ist, daß wir täglich eine halbe Stunde spazieren gehen. Jetzt bin ich sehr müde, denn das Gehen an der frischen Luft war ich ja gänzlich entwöhnt. Weißt Du, liebste Mama, ich muß mich erst einmal an die neue Umgebung und an alles Neue gewöhnen. Es ist mir so, als wäre ich in eine neue Stadt gekommen, da bin ich erst auch immer etwas melancholisch. Eigentlich dürfte ich Dir in dieser Stimmung keinen Brief schreiben, aber Du sollst wissen, daß ich nicht mehr am Alex bin, damit Du mir dorthin keine Wäsche mehr bringst. Der einzige Trost ist, daß ich hier noch näher bei Dir bin, räumlich gemessen, aber sonst bin ich sehr traurig. Ich weiß, daß es völlig unbegründet ist, diese Traurigkeit, es ist nur die neue Umgebung und alles Fremde. Es ging mir ja genauso vor beinahe sieben Monaten, als ich das erste Mal am Alex eine

Zelle betrat, und wie gut habe ich mich nachher dort eingelebt. Meine gute Mama, glaube nicht, daß ich nicht mehr tapfer bin und nicht weiterhin hoffe auf ein neues Leben. Doch, bestimmt, ich tue es und habe einen tiefen, innerlichen Glauben, daß alles doch noch gut wird, auch für Heinz, und daß wir uns alle eines Tages wiedersehen werden.«

Wenige Tage später berichtete Cato der Mutter:
»Du kannst Dir denken, daß ich mich hier erst einleben mußte. Ich bin nun mit einem sehr lieben Mädchen in einer Zelle. Da wir den ganzen Tag in der Zelle arbeiten, ist die Gesellschaft wirklich viel angenehmer als das Alleinsein. Wir machen am Tag bis zu 1000 Stück Gasanzünder, wie wir auch einen in der Küche haben. Wir haben uns gut eingearbeitet, und so rutscht die Arbeit ziemlich schnell. Das faule Leben wie am Alex ist nun aus, denn lesen können wir erst nach Feierabend und sonntags.«

Über ihren Gefängnisalltag schrieb Cato auch an ihre Schwester Mietje:
»Jetzt habe ich also Weihnachten und Ostern in Gefangenschaft erlebt, und ob ich Pfingsten auch noch erlebe? Ich glaube sehr daran. Dies Gefängnis, in dem ich nun bin, ist sehr ordentlich und gut geleitet, und Ostern aßen wir Spinat und heute rote Bete. Mir fehlt aber sehr die Sonne, die am Alex den ganzen Vormittag in meine Zelle schien. Aber ich kann einen Zipfel Sonne und Himmel durch mein Fenster sehen. Wenn wir vormittags auf dem Hof im Kreis herumgehen, scheint an einer Stelle auch die Sonne, und dann drehe ich meinen Kopf beim Passieren so, daß ich möglichst jeden Strahl ausnutzen kann.«

Mit ihrer Zellengenossin, der Schauspielerin und Schriftstellerin Marta Husemann, hatte Cato es offensichtlich gut getroffen. Beide hatten viele Gemeinsamkeiten:
»Meine Kameradin ist so famos, daß ich es gar nicht emp-

finde, daß wir zu zweit in diesem kleinen Raum sind. Manchmal reden wir stundenlang kein Wort und jeder beschäftigt sich mit seinen eigenen Gedanken, und so stört keiner den anderen. Meine Kameradin hat auch ein großes Innenleben.«

Am 8. Mai 1943 wurde Cato in das Frauengefängnis in der Barnimstraße verlegt. Die Zellenkameradin Marta Husemann notierte in ihren Aufzeichnungen:

»Sonnabend, den 8. Mai 1943

Nun sind sie weg. Oh Gott, es ist furchtbar! Vier von unseren Todeskandidatinnen sind heute nach Barnimstraße gekommen. Die letzte Station. Wir sind alle ganz verstört. Cato, die mit ihrer strotzenden Gesundheit die Zelle und meine Seele füllte, ist weg.«

Mochte Catos Optimismus letzten Endes auch unbesiegbar sein – den Schmerz und die Trauer über ihr Schicksal mußte auch sie bis ins letzte durchleben. So wurde sie zuweilen von ihren Gefühlen überwältigt, wenn sie eigentlich nach außen hin stark und gefaßt erscheinen wollte.

Aus einem Brief vom 20. Juni 1943:

»Meine liebe, gute Mama,

immer sehe ich Euch noch vor mir, und ich bin so sehr froh, daß ich Dich, Mémé, und endlich, nach so langer Zeit, auch Tim gesehen habe. Ich machte mir bittere Vorwürfe, daß ich es Dir und Tim so schwer gemacht habe durch mein Weinen. Es war vielleicht ein etwas unglücklicher Tag in der Beziehung, denn schon beim Rundgang am Vormittag kamen mir die Tränen, als ich den blauen Himmel und die weißen Wolken sah. Du mußt nicht mehr daran denken, daß ich so geweint habe, meine liebe Mama, denn die Freude siegt doch stets wieder, daß ihr alle so nahe bei mir seid und mich nicht verlaßt.«

Auch für die Familie war es ein besonders schweres Wiedersehen. Mietje erinnert sich an diesen Tag:

»Mit Mama bin ich zum Gefängnis gegangen. Da war ein großer Raum, kalt und dunkel, in dem wir warten sollten.

Cato wurde hereingeführt. Sie trug Pantinen, Socken, einen grauen Kittel. Als sie uns sah, zeigte sie große Freude und strahlte. Ich glaube, daß ich sie nicht einmal umarmen konnte. Zwischen uns war eine Art Tresen. Cato stand da, und wir standen ihr gegenüber. Die Wärter waren dabei.

Sie hat mich gefragt: Wie geht es Dir nun? Ist Deine Krankeit vorbei? Du mußt Dich jetzt schonen.

Sie interessierte sich vor allem für meine Krankheit. (Ich konnte immer noch nicht richtig Luft bekommen wegen dieser furchtbaren Rippenfellentzündung und hatte monatelang in Fischerhude in meiner ›Matratzengruft‹ gelegen.) Mama hat auch irgend etwas gesagt, und dann war die Viertelstunde vorbei. (Es kann auch eine halbe Stunde gewesen sein.)

Eine Wärterin führte Cato fort, und dann war sie verschwunden. Plötzlich kam Cato zurück und winkte uns noch einmal zu, mit einem Blick, den ich niemals vergessen werde. Ich hatte sie vorher noch gefragt: ›Wie lange wirst du das hier noch aushalten? Ich glaube, daß bald alles gut wird.‹

Da sagte sie: ›Bis dahin . . .‹ und zeigte auf die braune Binde an ihrem Arm, auf der die Buchstaben ›TK‹ standen – TODESKANDIDATIN!«

»Wir brauchen uns nicht wie Diebe aus der Welt zu schleichen« – Das Ende

Cato fürchtete den Tod nicht, aber sie liebte das Leben. Und es war ein tiefes Bedauern in ihr über all die vielen Möglichkeiten, die nun ungelebt blieben. So notierte Greta Kuckhoff in ihren Erinnerungen ein Gespräch, das sie während ihrer gemeinsamen Inhaftierung am Alexanderplatz mit Cato geführt hatte:

»›Ich habe mir nie Gedanken um den Tod gemacht‹, sagte sie, ›wie viele andere. Mir war das Sterben so selbstverständlich wie das Heiraten und Kinderkriegen. Ich bin sehr gesund, ich könnte viel Schönes in meiner Werkstatt arbeiten, eine große Familie haben, lärmende Kinder mit roten Backen und widerborstigen Schöpfen und ein Haus voll Musik. Ein Garten mit schön gedeckten Tischen und herzhafter Kost gehört auch dazu. Gelegentlich eine Fahrt in meine Heide mit meinem Mann, den ich jedes Jahr lieber haben würde. Ich habe keine Angst vor dem Älterwerden. Das Leben wäre immer reicher geworden, mit Enkelkindern, die man nicht mehr zu erziehen braucht, sondern verwöhnen darf.‹ Ihre Stimme klang wie aus seliger Versunkenheit. ›Und wenn ich dann, bis in die letzte Herzensfalte prall ausgefüllt vom Leben, wie eine ausgereifte Mohnkapsel alle Blütenblätter hätte fallen lassen – nein, der Tod hätte für mich nichts Beunruhigendes. Aber ich habe gedacht, daß ich prunkvoll aufgebahrt liegen würde, Spiegel und Fenster altmodisch verhangen, mit Totenkerzen und -wache. Mit Bergen von Blumen und Kränzen, und die Enkelkinder würden ängstlich auf Zehenspitzen näherkommen und dann befreit lächeln: Ach, Großmutter ist aber schön! Dieser und kein anderer Tod gehört zu mir. Ein Stück von Bach auf der Orgel und hinterher für die ganze Familie Kuchen, Kaffee, Wein und Stimmengewirr, weil jeder von Großmutter Cato noch einen Streich erzählen will.‹«

Aber es war Cato nicht vergönnt, den Tod zu sterben, »der zu ihr gehört«. Am 21. Juli 1943 erging ein Schreiben Adolf Hitlers an den Chef des Oberkommandos der Wehrmacht:

»*Betr.*: Gnadensache von 17 vom Reichskriegsgericht im Strafsachenkomplex ›Rote Kapelle‹ *zum Tode* und zum dauerhaften Verlust der bürgerlichen Ehrenrechte Verurteilten:

(es folgen die Namen und Daten der Verurteilten – darunter auch Cato Bontjes van Beek)

Ich lehne einen Gnadenerweis ab!

gez. Adolf Hitler«

Auch alle anderen Gnadengesuche, die für Cato eingereicht wurden, blieben erfolglos. Ebenso das Gesuch, das sie am 15. Februar 1943 für ihren Freund Heinz Strelow an den Präsidenten des Reichskriegsgerichtes geschrieben hatte, und in dem es heißt:

»Wir sind beide entschlossen, unser Leben und Schicksal gemeinsam zu teilen; diese letzte Zeit hat bewiesen, daß es nur dies eine für uns geben kann. Sollte Heinz Strelow sterben müssen, so verliert das Leben auch für mich seinen Wert. Gnade, die mir allein, ihm aber nicht zuteil wird, erscheint mir auch nun in den schweren Stunden der Todeserwartung als eine neue Strafe. Ich bitte daher, die Aussetzung der über mich verhängten Strafe nicht zu erwägen, wenn die für meine Entlastung sprechenden Gründe nicht ausreichen, um das Leben von Heinz Strelow zu schonen.

Ergebenst

Cato Bontjes van Beek«

Drei Monate später, am 13. Mai 1943, wurde Heinz Strelow in Plötzensee hingerichtet. Zu dieser Zeit war Cato bereits als Todeskandidatin ins Frauengefängnis in der Barnimstraße überführt worden. Ob sie vom Tode Strelows erfuhr? Immerhin gab es vielfältige Möglichkeiten der Informationsübermittlung, auch in den Gefängnissen. Aber es sind keine Äußerungen Catos hierzu erhalten.

Berlin-Plötzensee. Die Hinrichtungsstätte.

Sicher ist, daß sie nicht vom Tode ihres Cousins Ulrich Modersohn erfahren hat. Mit ihm hatte sie ein tiefes Verstehen verbunden, und auch nach ihrer Verhaftung waren Briefe zwischen der Widerstandskämpferin und dem Soldaten hin- und hergegangen.

Ulrich Modersohn fiel am 14. Juli 1943 in Rußland, drei Wochen vor Catos Hinrichtung.

Cato wußte inzwischen, daß es keine Hoffnung mehr für sie gab. Am 15. Februar 1943 hatte sie an ihre Mutter geschrieben:

»Wenn es doch sein muß, dann sterbe ich ganz ruhig, mit viel, viel Liebe zu Euch, die Ihr mir so nahe steht, zu Heinz und zu allen, allen Menschen. Ich fürchte mich gar nicht davor – aber meine Sehnsucht ist doch das Leben.«

Wie Cato diese letzten kurzen Wochen vor ihrer Hinrichtung erlebte, wissen wir nicht. Lediglich der letzte Tag ihres Lebens läßt sich rekonstruieren, vor allem anhand der Aussagen des Gefängnispfarrers Dr. August Ohm.

Der 5. August 1943 ist ein schöner Sommertag. Morgens um 10.30 Uhr wird Cato aus der Freistunde geholt. Obwohl sie weiß, was das zu bedeuten hat, geht sie ruhig bis zum Tor und winkt ihren Mitgefangenen noch ein Lebewohl zu. Dann wird sie gemeinsam mit zwölf weiteren jungen Frauen nach Plötzensee abtransportiert. Dort erst erfährt sie, daß alle Gnadengesuche von höchster Instanz abgelehnt worden sind. Sie quittiert diese Mitteilung mit einem leichten Kopfnicken und sagt: »Ich danke.«

Die Gefangenen werden in getrennte Räume geführt. Cato bittet darum, an ihre Familie schreiben zu dürfen.

An ihren Bruder schreibt sie:

»Mein liebster, guter Tim,
Eigentlich brauch' ich Dir gar nicht mehr zu sagen, wie (...) sehr meine Gedanken immer bei Dir waren. Es war so

schön, daß ich Dich noch einmal sehen konnte. (...) Lebe weiter in der Musik, ich weiß ja so genau, daß Du noch einmal sehr viel leisten wirst. Vorhin habe ich das Thema vom 5. Brandenburger Konzert vor mir hergesungen, und all Deine vielen Stücke von Bach habe ich noch im Kopf. (...) Möge der liebe Gott Dich immer beschützen.

Viele, viele Grüße

Deine Schwester Dodo.«

Ein weiterer Brief geht an die Schwester:

»Meine geliebte Mémé,

Es ist mein großer Wunsch, daß Du bei Mama bleibst und sie *nie* verläßt. (...) Weißt du, lese doch mal ganz systematisch die vier Evangelien, Du glaubst gar nicht, wie stark man durch dies systematische Lesen wird. Sei nicht allzu traurig, daß ich nicht mehr bei Euch auf der Welt sein werde, sondern nur noch in Euch weiterlebe. Du mußt im Leben all das liegenlassen, was Dich nicht geistig weiterbringt. Es gibt sehr vieles, das unnütz ist, leider weiß man es erst etwas zu spät.

Du bist mir eine so liebe Schwester. Werde wieder ganz gesund und lerne viel und bleibe meine liebe, gute Mémé. Du glaubst es mir doch, daß ich ganz ruhig und gefaßt bin? Ich weiß ja, daß es Dir auch so gehen würde und wir alle dasselbe denken über den Tod. Es gibt keine räumliche Trennung, und was ist Zeit? Wir werden einmal alle wieder zusammensein, bei Großvater und Großmutter.

Ich schließe Dich in Gedanken in meine Arme und bin immer bei Dir.

Innigst Deine Schwester   Dodo.

Grüße meine gute Amelie und dank ihr für alle Liebe, als ich noch klein war und nun bis zuletzt, und Haina und ihre ganze Familie.«

Der dritte Brief ist an die Mutter gerichtet:

Meine liebe, liebe Mama,
Ich habe geglaubt, ich könnte Dir diesen Brief als Geburts-
tagsbrief schreiben, und nun wird es der allerletzte an Dich
sein. Meine Mama, es ist nun soweit, und ich werde nur
noch ein paar Stunden unter den Lebenden sein. Mama,
daß ich es Dir nicht selbst sagen kann und Du nicht bei mir
bist, das ist hart. Aber ich bin sehr gefaßt und habe mich
völlig mit dem Schicksal ausgesöhnt. Die Ruhe, die ich mir
immer für diese letzten Stunden gewünscht habe, ist nun
auch wirklich bei mir, und sie gibt mir viel Kraft, mit meinen
Gedanken bei Dir zu weilen, bei Tim in Rußland und bei
Mémé und allen anderen Lieben. Ich sagte Dir schon bei
den letzten Sprechstunden, daß ich es als eine Gnade empfinde, jede Nacht in meinen Träumen bei Euch in Fischerhude zu sein. Könnte ich doch meine Ruhe auch auf Dich
übertragen. Mein Herz ist so übervoll, um Dir zu danken,
und die Liebe zu Euch allen werde ich dalassen. Meine geliebte Mama, ich hoffe so sehr, daß Du diesen Schmerz, den
ich Dir durch meinen Tod bereite, überwinden wirst und
dadurch in Deiner Kunst noch größer wirst. Ich hätte Dir
noch so viel zu sagen, und nun geht es mir so, wie schon oft,
daß ich *alles* bereits gesagt weiß. Wir sind uns ja so nahe,
und was ich denke, weißt und spürst Du.

Schade, daß ich nichts auf der Welt lasse als nur die Erinnerung an mich. Es ist alles viel einfacher, als man denkt,
und ich weiß, daß ich Dir die Kraft zu verdanken habe, und
ich bin Dir ja so dankbar, ich möchte dir alles tausendfach
zurückgeben. Behalte meine Liebe, meine liebe, gute
Mama. Male schöne Bilder und habe noch viel, viel Freude
an Mémé und Tim. Neulich habe ich in der Kirche ein kleines Bachstück auf der Orgel gehört, und Du weißt, was das
für mich bedeutet. Du wirst an Mémé und Tim noch große
Freude haben.

Grüße alle lieben Menschen, Papa und Rali, und ich
glaube, daß Papa auch noch viel schöne Keramiken den

Menschen schenken wird und sie sich daran freuen werden. Die Menschen sind alle lieb und gut, das weiß ich, und daran denke ich.

Ich lege einen Brief an Tim diesem Brief bei, und Du wirst dafür sorgen, daß er ihn bekommt, und auch an Mémé in Fischerhude habe ich geschrieben.

Ich brauche Dir ja eigentlich gar nicht so viel zu schreiben, denn ich spüre Dich so lebhaft, und all das, was ungesagt ist, weißt du immer.

Grüße alle in der Bismarckstraße und auch Lolo und Ulrich und Christian.

Lebe wohl, male wieder viel, und ich umarme Dich ganz fest in Gedanken.

Immer bin ich bei Dir, meine liebste Mama.

Dodo.«

Als Cato mit ihren Briefen fertig ist, bittet sie Pfarrer Ohm um das Abendmahl.

Es ist Viertel nach fünf.

Sie sprechen über die Evangelien und über die letzten Predigten. Vor allem aber denkt Cato immer wieder an ihre Familie.

So bittet sie Pfarrer Ohm, den Geburtstag ihrer Mutter am 14. August nicht zu vergessen. Sie nennt ihm Olgas Telefonnummer und trägt ihm auf, ihr Glückwünsche zu bestellen.

Von ihrem Zellenfenster aus kann Cato ein kleines Stück des blauen Sommerhimmels sehen. Sie wirft einen Blick hinauf und sagt: »Es ist alles so unwahrscheinlich.«

Pfarrer Ohm fragt sie, wie es wäre, wenn es noch ein Zurück für sie gäbe.

»Nein«, sagt Cato. »Ich möchte nicht zurück. Ich will vorwärts. Dies ist kein Ende.«

»Was läßt Sie so erstaunlich ruhig werden?« fragt Pfarrer Ohm.

»Einmal, daß es kein Ende bedeutet«, antwortet Cato. »Und daß die Entwicklung, so wie wir alle sie ersehnt haben, voranschreitet.«

Die Hinrichtungsstätte.

Der Oberreichskriegsanwalt

StPL (RKA) III 525/42

Berlin-Charlottenburg 5, den *12.* 3. 1943
Witzlebenstraße 4—10
Fernruf: 30 06 81

An

Frau Olga Bontjes - Breling
   - b/Familie Schulze-Ritter -

in   Berlin-Charlottenburg
     Bismarckstr.114

1 Anlage

      Das gegen Ihre Tochter Cato B o n t j e s van Beek
durch das Reichskriegsgericht am 18.1.1943 verhängte Todesurteil ist am 5.8.1943 im Strafgefängnis Berlin-Plötzensee
vollstreckt worden.
      In der Anlage erhalten Sie einen an Sie gerichteten Brief
Ihrer Tochter.

                            Im Auftrage:
Ausgefertigt   gez. Dr. R o e d e r .

Heeresjustizinspektor.

Benachrichtigung an die Mutter über das vollstreckte Urteil.

105

Später sagt sie noch:

»Wenn doch der Haß getilgt wäre und die Menschen zu Gott kämen. Wir brauchen uns nicht wie Diebe aus der Welt zu schleichen.«

Und der Gedanke an ihre bevorstehende Hinrichtung?

»Ich mache einfach die Augen zu im letzten Augenblick«, sagt Cato.

Sie nimmt Pfarrer Ohms Hände, hält sie lange lächelnd fest und sagt: »So fest sollen Sie meiner Mama von mir die Hand geben, wenn Sie sie sehen werden.«

Dann wird Cato abgeführt. In einer Veröffentlichung der Gedenkstätte Plötzensee ist beschrieben, wie die Gefangenen ihre letzten Stunden erleben:

»Die Häftlinge der Strafanstalt Plötzensee, die zum Tode verurteilt worden waren, wurden in das sogenannte ›Todeshaus‹ gebracht, das sich unweit der Richtstätte befand. Hier mußten sie, nachdem ihnen ihre Hinrichtung bekanntgegeben worden war, im Erdgeschoß in kleinen, kalten, dürftig beleuchteten Zellen, die Hände zumeist vorn durch Handschellen gefesselt, warten, bis sie zum Hinrichtungsschuppen geführt wurden. – Kurz vor der Hinrichtung wurden den Delinquenten die Hände auf den Rücken gefesselt, den Frauen wurden die Haare abgeschnitten. Sie erhielten die vorgeschriebenen Holzpantinen und wurden von zwei Justizwachtmeistern zur Richtstätte hinüber geführt. Die Beamten erhielten dafür als Sonderzuteilung acht Zigaretten.«

An diesem Donnerstag, dem 5. August 1943 werden die vorletzten im Prozeß gegen die »Rote Kapelle« gefällten Todesurteile vollstreckt. Drei Männer und dreizehn Frauen sterben zwischen 19.00 und 19.45 durch das Fallbeil. Jede Exekution dauert genau drei Minuten. Das nationalsozialistische Unrechtsregime hat sich seiner Gegner entledigt – die Erinnerung an sie kann es nicht auslöschen.

*Eine Glocke im Glockenspiel der St. Katharinenkirche
in Danzig ist für Cato von ihrer Familie gestiftet worden.*

Epilog

»Schade, daß ich nichts auf der Welt lasse als nur die Erinnerung an mich«, schreibt Cato in ihrem letzten Brief.

Aber ist Erinnerung denn so wenig?

Ist Erinnerung nicht vielmehr das Wesentlichste, was von einem Menschen bleiben kann?

»Erinnerung ist eine Form der Begegnung«, sagt der libanesische Mystiker Kahlil Gibran.

In der Erinnerung an Cato Bontjes van Beek können wir einer jungen Frau begegnen – auf der Suche nach Wahrheit und Menschlichkeit und lauter bis auf den Grund ihres Herzens.

Möglicherweise begegnen wir dabei unseren eigenen Idealen – und seien es die Ideale, die wir einmal hatten.

Aber auch nach außen hin dokumentiert sich Erinnerung als Begegnung:

In Fischerhude gibt es einen Cato-Bontjes-van-Beek-Weg, in Bremen ist ein Platz nach ihr benannt, in Leipzig eine Straße.

Und in Wolfsburg hat ein Stamm des Verbandes Christlicher Pfadfinderinnen und Pfadfinder für sich den Namen der jungen Widerstandskämpferin gewählt.

In der Stadt Achim trägt das Gymnasium den Namen Catos.

Eine der schönsten Erinnerungen an Cato Bontjes van Beek aber tönt über der Stadt Danzig: die gis2-Glocke des Glockenspiels der St. Katharinenkirche. Im Rahmen einer Kampagne des »Vereins für das Glockenspiel von St. Katharinen in Danzig« stiftete die Familie Bontjes van Beek diese 84 kg schwere Glocke. Hier begegnet Cato in der Erinnerung jenen Menschen, denen sie durch ihre Beschäftigung mit der polnischen Sprache und durch ihre Liebe zur osteuropäischen Literatur immer tief verbunden war.

Danksagung

Dieses Buch konnte nur zustande kommen, weil viele Menschen mich bei den Recherchen unterstützten: so der Maler Christian Modersohn, die Autoren Hannes Heer und Johann-Günther König, Frau Regina Griebel für ihre Hinweise zum neuesten Stand der Forschung über die »Rote Kapelle«, Superintendent Peter Tidow, Frau Ursula Tidow, Frau Otterstedt-Oldnall, all jene Fischerhuder und Fischerhuderinnen, die geduldig meine Fragen beantworteten, sowie viele andere, denen ich für ihre Mithilfe herzlich zu danken habe. Mein ganz besonderer Dank gilt der Familie Bontjes van Beek, die mir in jeder Weise ihre Unterstützung zukommen ließ. Dank sagen möchte ich auch meinem Mann und meinem Sohn: durch ihre aktive Mitarbeit in der Textbearbeitung und bei vielen Gesprächen – vor allem aber durch ihre ständige Ermutigung – waren sie mir eine unschätzbare Hilfe. Meiner Kollegin Ingeborg Bruns danke ich für die abschließende Durchsicht des Textes.

H. K.

Zeittafel

14. 12. 1849	Heinrich Breling wird in Burgdorf bei Hannover geboren
1854	Heinrich Breling kommt erstmals nach Fischerhude
1882	Heinrich Breling wird zum Außerordentlichen Professor an der Münchener Kunstakademie benannt
1883	Heinrich Breling wird Hofmaler Ludwigs II. von Bayern
14. 8. 1896	Olga Breling wird als jüngste von sechs Töchtern in Fischerhude geboren
18. 1. 1899	Jan Bontjes van Beek wird in Vejle (Dänemark) geboren
1908	Heinrich Breling zieht nach Fischerhude
1909	Louise (Lolo) Breling heiratet Otto Modersohn
6. 9. 1914	Heinrich Breling stirbt
15. 7. 1915	Heinz Strelow wird in Hamburg geboren
1920	Olga Breling und Jan Bontjes van Beek heiraten
14. 11. 1920	Cato Bontjes van Beek wird geboren
1922	Mietje Bontjes van Beek wird geboren
1923	Tim Bontjes van Beek wird geboren
1929	Cato geht für zwei Jahre nach Amsterdam
1933	Olga und Jan Bontjes van Beek trennen sich
1933	Cato, Mietje und Tim werden getauft
1935	Cato wird konfirmiert
1937	Cato geht für ein halbes Jahr nach England
Herbst 1937	Cato besucht die Lette-Schule in Berlin
1938	Tätigkeit für die Bremer Firma Heyse und Eschenburg

1940	April/September Reichsarbeitsdienst in Ostpreußen
Sept. 1940	Cato tritt als Lehrling in die Werkstatt ihres Vaters ein
Sommer 1941	Beginn der engeren Freundschaft mit Heinz Strelow
Sommer 1942	Cato macht eine mehrwöchige Fußwanderung durch den Bayerischen Wald
20. 9. 1942	Cato und Jan Bontjes van Beek werden verhaftet
18. 1. 1943	Verkündung des Todesurteils
13. 5. 1943	Heinz Strelow wird in Plötzensee durch das Fallbeil ermordet
14. 7. 1943	Ulrich Modersohn stirbt bei Bjelograd in Rußland
5. 8. 1943	Cato Bontjes van Beek wird in Plötzensee durch das Fallbeil ermordet

Quellen

Margarete Bertzbach
»Erinnern um der Zukunft willen:
Über Kindheit, Jugend und Tod der Fischerhuderin Cato
Bontjes van Beek (1920–1943)«
in: Heimatkalender für den Kreis Verden 1990, Verden
1989

Barbara Beuys
»Vergeßt uns nicht«
Menschen im Widerstand 1933–1945
Rowohlt Verlag, Reinbek 1987

Daniel Bontjes van Beek
Kompilation von Briefen und Dokumenten

Mietje Bontjes van Beek
»Aber es ist ein Stein«
(Private Aufzeichnungen)

Mietje, Tim und Roseli Bontjes van Beek
Gespräche und Interviews

Carlheinz v. Brück
»Im Namen der Menschlichkeit«
Bürger gegen Hitler
Buchverlag Der Morgen, Berlin 1964

Ev.-luth. Liebfrauen-Kirchengemeinde Fischerhude
(Hrsg.)
»Unter dem Auge Gottes«
Zur Fischerhuder und Quelkhorner Kirchengeschichte
Fischerhude 1991

»Gedenkstätten des Nationalsozialismus«
Eine Dokumentation
Schriftenreihe der Bundeszentrale für politische Bildung
Bonn, Band 245

»Gedenkstätte Plötzensee Berlin«
Hrsg.: Gedenkstätte Deutscher Widerstand Berlin
27. Auflage 1991

Helmut Gollwitz / Käthe Kuhn / Reinhold Schneider
(Hrsg.)
»Du hast mich heimgesucht bei Nacht – Abschiedsbriefe
und Aufzeichnungen des Widerstandes 1933–1945«
Chr. Kaiser-Verlag, München 1954

Regina Griebel / Marlies Coburger / Heinrich Scheel
»Erfaßt?«
Das Gestapo-Album zur ROTEN KAPELLE
Eine Foto-Dokumentation
Berlin 1992

Hannes Heer
»Fischerhude in der Nazizeit«
NDR – TV-Film

Hannes Heer
»Das Fischerhuder Totenbuch«
RB – Rundfunksendung

Hannes Heer
»Man konnte mir also nichts nachweisen«
RB – Rundfunksendung über Heinrich Peper

Heinz Höhne
»Kennwort Direktor – Die Geschichte der Roten Kapelle«
Fischer Verlag, Frankfurt/M. 1972

Johann-Günther König
»Fischerhude. Die Geschichte eines Dorfes«
Brockkamp Verlag, Bremen 1982

Johann-Günther König
»Erinnerung an Cato Bontjes van Beek«
RB – Rundfunksendung 5. 8. 1983

Greta Kuckhoff
»Vom Rosenkranz zur Roten Kapelle«
Verlag Neues Leben, Berlin 1972

»Künstler in Fischerhude«
Brockkamp Verlag Bremen 1984

Christian Modersohn
Gespräche und Interwievs

Norbert Molkenbuhr / Klaus Hörhold
»Oda Schottmüller, Tänzerin, Bildhauerin, Antifaschistin«
Eine Dokumentation
Henschel-Verlag, Berlin 1983

Annita Otterstedt-Oldnall
Private Aufzeichnungen und Kopien der Jugendbriefe
Catos

Elfriede Paul
»Ein Sprechzimmer der Roten Kapelle«
Militärverlag der Deutschen Demokratischen Republik,
Berlin 1981

Harald Poelchau
»Die letzten Stunden – Erinnerungen eines Gefängnispfar-
rers« aufgezeichnet von Graf Alexander Stenbock-Fermor
Verlag Volk und Welt, Berlin 1949

Wolf-Dietmar Stock, Werner Wischnowski
»Fischerhude – Künstler in der Stille«
Galerie Verlag Fischerhude 1986

Gerhard Uhde
»Lioba lebt«
Ein Schicksalsroman (gewidmet Cato Bontjes van Beek)
Verlag Werner Jerratsch, Heidenheim/Brenz
7. erw. Neuauflage 1976

Günter Weißenborn
»Der lautlose Aufstand«
Berichte über die Widerstandsbewegung des deutschen
Volkes 1933–1945
Röderberg-Verlag, Frankfurt/Main 1974 (4. verbess.
Auflage)

Hinweis auf weitere mögliche Quellen:

»Das kurze Leben der Cato Bontjes van Beek«
Film von Regina Griebel

»Und die Flamme soll uns nicht verbrennen«
Letzte Briefe europäischer Widerstandskämpfer.
Hrsg. Piero Malvezzi u. Giovanni Pirelli
Vorwort von Thomas Mann
Steinberg-Verlag, Zürich

Hannes Heer »Das Fischerhuder Totenbuch«
in: »Terror und Hoffnung in Deutschland –
Leben im Faschismus 1933–1945«
Rowohlt-TB Nr. 7381

Regina Griebel
»Die weibliche Seite des Widerstands«, Cato Bontjes van
Beek in: »Eva Maria Buch und die Rote Kapelle«
Overall-Verlag, Berlin

Karl-Heinz Jahnke
»Entscheidungen. Jugend im Widerstand 1933–1943«
Rödenberg-Verlag, Frankfurt

Annette Kuhn-Valentine Rothe
»Frauen im deutschen Faschismus«
Schwann-Verlag, Düsseldorf

Hermann Henselmann
»Drei Reisen nach Berlin«
Henschelverlag Kunst und Gesellschaft, Berlin 1981

Harald Roth (Hrsg.)
»Widerstand – Jugend gegen Nazis«
Ravensburger TB, Bd. 4107

Ingeborg Malek-Kohler
»Im Windschatten des 3. Reiches«
Begegnungen mit Filmkünstlern u. Widerstandskämpfern
TB-Herderbücherei Nr. 1288

Heinrich Scheel
»Vor den Schranken des Reichskriegsgerichts«
Mein Weg in den Widerstand
Edition q, Berlin

Walter Kempowski
»Das Echolot« Bd. II und III
Albrecht Knaus-Verlag, München

Wladimir Lindenberg
»Himmel in der Hölle«
Wolodja als Arzt in unseliger Zeit
Ernst Reinhardt Verlag, München – Basel